POLO NORD
I. SAKALIN
SAPPORO
MANCIURIA
TOKIO
COREA
KOBE
CINA
SHANGHAI
TIBET
FORMOSA
HONG-KONG
SIAM
MALACCA
SUMATRA
SINGAPORE
BORNEO
JAVA

Dacia Maraini

La nave per Kobe

diari giapponesi di mia madre

Rizzoli

ISBN 88-17-86835-3

Prima edizione: dicembre 2001

La nave per Kobe

Mio padre un giorno mi ha regalato questi quaderni, dicendo «Ti riguardano, prendili». Ho cominciato a sfogliarli e mano a mano che andavo avanti ero acciuffata dalla commozione. Il passato ha la capacità di saltarti addosso a tradimento attraverso una fotografia, una lettera. Ti racconta di un tempo che non c'è più e che pure si fa vivo ai tuoi occhi con una vivacità e una corposità assolutamente insospettate. Favoleggia nel tuo orecchio di una parte di te ormai sparita, che credevi del tutto morta e che invece stava in letargo in qualche angolo della memoria. Sono io questa bambina, mi dico, ma non sono più io. Ho perso per sempre quel corpo che nelle fotografie appare così reale, così nitido e consistente. Oggi un nuovo corpo, sciupato, offeso dal tempo e dalle esperienze, ferito come un vecchio soldato che ha fatto troppe guerre, siede al sole cercando di scaldare un sangue che circola con lentezza esasperante.

Cosa ho da spartire con quella bambina lontana? Ammetto che non mi importa più molto di lei. È morta, pazienza. Ho fatto tanta fatica a crescere che quasi la sento come una lontana nemica.

Quello che allora mi provocava dolore, e ancora oggi lo fomenta, è invece la perdita della giovinezza di mia madre, così fresca e tenera e lontana. La giovinezza di mia madre mi è quasi più cara della mia, è parte integrante di una mitologia dello spirito a cui mi appiglio per credere nella realtà.

Da bambina qualcuno, forse la balia Masako Moriokasan, detta Okachan, mi spiegava che dovevo dormire perché dormendo mi sarei allungata. Ma poi aggiungeva, non senza una punta di malignità, che allungandomi avrei fatto invecchiare mia madre e che questo era il giusto moto della natura: i miei piedi di bambina si sarebbero fatti grandi, robusti e avrebbero spinto a piccoli colpi gentili il corpo di mia madre verso la vecchiaia.

Questa notizia mi allarmava e mi feriva. L'idea che mia madre invecchiasse per colpa mia, era intollerabile. E cercavo delle strategie per fermare quel tempo che cacciava avanti me verso l'adolescenza e mia madre verso la maturità. Insomma ero abitata da un rovello insistente: come fare per non crescere o almeno per rallentare questa crescita crudele e sconsiderata?

La soluzione, mi sembrava di capire, era quella di non dormire affatto. Se dormire significava allungarmi e allungarmi significava accorciare la giovinezza di mia madre, la sola cosa possibile era rinunciare al sonno. Così io sarei rimasta bambina e mia madre si sarebbe fermata sulla soglia della giovinezza: una gioiosa e delicata donna dal passo deciso e le mani sempre in movimento. Sorridente e festosa. Così necessaria all'equilibrio del mio pensiero e così indispensabile alla pienezza della mia fiducia nei riguardi del mondo e della famiglia.

Credo che da quel proposito derivi l'insonnia, di cui ho sempre sofferto e che si accanisce in certi periodi con una tenacia radicale. Tendenzialmente dormo poco e, quando dormo, basta un soffio per svegliarmi, proprio come se ogni ora persa nel sonno fosse ancora oggi una offesa fatta alla rotondità e all'allegria di mia madre.

Che dolore constatare che le mie strategie sono servite a poco! Anche se mia madre dimostra dieci anni meno della sua età, anche se conserva una voce squillante e dei folti capelli che, da castani, sono diventati grigi dopo gli ottant'anni, ma non sono ancora del tutto bianchi. Anche se il giudizio è lucido e fermo. Non a caso, quando ho troppo da fare, le consegno i nuovi libri che arrivano perché li legga e faccia una prima selezione. Le sue valutazioni sono intelligenti e di grande modernità. Non ha pregiudizi, mia madre. La sua testa di ragazza invecchiata si trova sempre all'avanguardia nelle questioni che riguardano la convivenza civile. Eppure non sono riuscita a impedire che diventasse più piccola e più fragile, che mettesse su rughe e dolori come una qualsiasi persona anziana.

31 Ottobre 1938. C'imbarchiamo a Brindisi sul "Conte Verde", scrive mia madre nel suo diario: *La nonna Yoi ha portato a Dacia un cappottino grigio modello quasi maschile che le sta un amore.*

Si sente ancora la cadenza palermitana nelle parole di mia madre. La giovane siciliana a cui avrebbero voluto far sposare un conte è fuggita con un ragazzaccio fiorentino senza arte né parte, biondo, robusto, con un ciuffo ribelle che gli scivola sulla fronte, innamorato della madre, in lite col padre.

La partenza è triste e siamo tutti stanchissimi. Dacia non ha dormito abbastanza ed è difficile e nervosa.

Il mio bellissimo padre, Fosco, appena laureato, senza un soldo, ricco solo di una borsa di studio non cospicua ma esaltante, si affacciava dal ponte della nave scrutando il mare spumoso come se aspettasse di vedervi spuntare un pesce drago dalle orecchie giganti. La giovane Topazia gli appoggiava teneramente il mento su una spalla come per aiutarlo a scacciare la nostalgia per l'Italia, per Firenze, per la madre tanto amata, per la casa di Torre di Sopra. Chissà se ripensava a come aveva rotto col padre che gli offriva un lavoro e una tessera del Fascio, stracciata in mille pezzi, lì per lì sotto i suoi occhi.

Non soffriamo il mare, scrive mia madre e certamente era sincera. Ma lo trovo ugualmente curioso perché io ho sempre patito il mal di mare. Possibile che a poco più di un anno la nausea non si facesse ancora sentire? O dipendeva dal fatto che il mare era battuto dal vento solo in superficie e la grossa pancia di ferro scorreva su quelle onde con quieta determinazione, senza eccessivi scossoni?

Primi di novembre. 1-2. Fa ancora freschino ma ogni ora meno. Non soffriamo il mare. Porto Said – di sera – pioviggina. Fosco non vuole scendere a terra per paura di infezioni. Io non voglio stancare D., così non scendiamo.

Siamo già a una settimana di navigazione. Il mare è calmo. Ci stiamo dirigendo verso il sud. Mi rimane la curiosità di Porto Said che i miei non hanno voluto visitare. Posso solo attingere ad alcune fotografie d'epoca, che mostrano ricsciò tirati da uomini scalzi, donne dalle gonne lunghe e l'ombrellino in mano che sembrano uscite da un racconto di Čechov; una grande sala dell'hotel Victoria, oggi distrutto, in cui si vedono dei suonatori in frac su una pedana, due o tre tavolini coperti da tovaglie ricamate e un paio di palme dalle lunghe foglie che protendono le molli frange verso quattro finestre di vetro dipinto.

Più tardi, in una sala come quella, avrei conosciuto, per via cinematografica, una Ingrid Bergman dalle luci soffuse riflesse negli occhi morbidi, dai riccioli castani che guizzano attorno al collo. Qual è l'incantesimo che ti allaccia ad una attrice dal sorriso flou e la voce cristallina? In lei vedevo mia madre giovane: le gambe snelle, il taglio del tailleur stretto in vita, le scarpe dal tacco ortopedico. La vedevo camminare veloce, con un cappello di feltro color castagna che le nascondeva in parte la fronte e mi pareva di scorgere una intera generazione di donne dal piede segreto e l'occhio scintillante. Dove vai? avrei voluto chiederle... Dove vai così in fretta? il futuro è appena cominciato, non correre!

Accanto a lei un Humphrey Bogart con l'impermeabile appoggiato sulle spalle e la sigaretta complice fra le dita. Ma lui era diverso da mio padre, che si muoveva con meno grazia, era più sportivo, più schivo, più ragazzo. La bellezza dei due divi era meravigliosamente legata a quel tempo che conteneva la giovinezza e la bellezza dei miei genitori. Sono lì, in un quadro mobile, a raffigurare la gioia di esistere. Si sarebbe mai ripetuta una simile gioia?

Il primo sapore che ho conosciuto, e di cui conservo la memoria, è il sapore del viaggio. Un gusto di bagagli appena aperti: naftalina, lucido da scarpe e quel profumo che impregnava i vestiti di mia madre in cui affondavo la faccia con delizia. Il baule che occupava gran parte della nostra cabina si apriva come i forzieri dei teatranti di una volta: era un armadio vero e proprio fatto di un legno robusto e leggero, tenuto insieme da strisce di ottone. E quando lo si metteva in piedi, aperto a libro, fungeva da guardaroba mobile con cassetti che si schiudevano sui lati, un angolo attraversato da un tubo a cui si appendevano le grucce con i vestiti e le giacche. C'era perfino lo spazio per nascondersi dietro la tendina tirata e per me bambina era un rifugio voluttuoso, in mezzo al profumo di spigo della biancheria materna.

A pagina tre, ecco la cartina che racconta l'itinerario del Conte Verde da Brindisi al Giappone: Porto Said, Aden, Bombay, Colombo, Singapore, Manila, Hong Kong, Shanghai, Tokio, Sapporo. La mano di pittrice di una madre giovane e avventurosa ha tracciato la rotta di un viaggio che segnerà le nostre vite. Sono linee, righe, ondulazioni che marchieranno il palmo della mano come le impronte di un destino. Ed è un destino che ha radici orientali.

Una nave dal procedere lento, la vedo con la memoria di una mente avvezza a sognare sui libri; una nave a vapore con i suoi grandi ambienti illuminati da lampade di vetro a testuggine fissate alle pareti con reticoli di metallo, scale che scendono e salgono attraversate da guide di fibra di cocco, una sala da pranzo spaziosa in cui giovani camerieri in guanti bianchi servono le pietanze tenendosi a gambe larghe sul pavimento scivoloso e sempre in movimento.

La nave è rimasta per me il luogo del piacere narrativo; non a caso i primi grandi amori letterari sono stati romanzi di mare: Stevenson e i suoi navigli che sfidano gli arcani movimenti sotterranei delle acque salate, Conrad con i suoi battelli che custodiscono segreti indicibili e straordinari, Melville con il suo sovrumano tentativo di dominare le forze maligne dei fondali, Verne con le sue meravigliose macchine sottomarine. Ancora oggi un racconto di mare mi conquista subito. Sono una consumatrice delle collezioni di Iperborea, la casa editrice che con tanta cocciuta passione pubblica romanzi scandinavi su navi fantasma, lotte coi ghiacci eterni, vascelli che si perdono negli abissi marini, fantasmi che compaiono sul far della sera lungo le rotte delle barche a vela.

C'è a bordo un simpaticissimo missionario – padre Rovelli che va in Cina. Lui conquista D. facilmente portando sempre qualche caramella in tasca per lei, scrive mia madre. Io non ricordo questo missionario. Ma so che le caramelle non mi sono mai piaciute. Ho avuto modo di conoscere altri missionari, soprattutto in Africa, anni dopo, e posso dire di essermi innamorata di qualche meravigliosa barba bianca dalla gravità celeste, mentre mi è capitato in altre occasioni di imbattermi in piccole mani prelatizie avide di piaceri e di denaro.

Nella mia memoria risvegliata si affaccia il ricordo di una strada africana, una Land Rover dal semiasse spaccato e noi sulla carreggiata ad aspettare un passaggio. Era quasi notte e tra noi ci ripetevamo storie di predoni che uscivano dalle foreste per tagliare la gola ai turisti e rubare il rubabile. Eppure era così tranquillo intorno. Si sentivano i grilli cantare nell'aria bruna, le rane gonfie di aria che gracidavano festose, certi versi di uccelli che si indovinavano enormi. Tutto è gigantesco in Africa, nutrito da acque abbondanti e calori da serra. Solo la presenza della foresta buia e impenetrabile a lato della strada gettava qualche inquietudine nel gruppetto di europei in viaggio.

Improvvisamente avvertiamo il rumore di un motore: una macchina arriva. Niente di meno che una Mercedes, ce ne accorgiamo mentre si avvicina, una bellissima Mercedes color champagne. La vettura avanza in un nuvolone di polvere. Quando ci vede, l'autista inaspettatamente accelera, forse per la paura di quel piccolo drappello di sconosciuti accoccolati ai margini della strada. Ma poi, quando si accorge che siamo bianchi e turisti, rallenta, si ferma. Noi accorriamo. Dentro c'è un vescovo, piccolo, nero ed elegante, con la fascia viola attorno alla vita, un gigantesco anello d'oro al dito. Quando gli diciamo che la nostra Land Rover è rotta e non sappiamo dove andare, ci fa cenno di montare sulla Mercedes. Ci stringiamo e andiamo. La missione non è lontana, solo una ventina di chilometri.

Approdiamo in una cittadella in mezzo al deserto, fra palme e banani, fornita di ogni bene, con decine di servitori neri, camion e motorette parcheggiati sotto un riparo di paglia, numerose stanze per gli ospiti, una chiesa dal tetto di ardesia, le pareti traforate e un enorme crocefisso di ceramica.

Il vescovo, che conosce tutti i giocatori della Roma, ma non sa chi siano Moravia e Pasolini, ci invita a cena. Mangiamo una pappa di banane con sugo di carne, mentre dal grammofono si diffonde una musica conosciuta: «Ciao ciao bambina, un bacio ancora...». Il vescovo ci chiede di Roma, del papa. È allegro, ingoia avidamente la sua pappa di banane e ci enumera ad uno ad uno i giocatori della squadra del cuore.

Dormiamo pacificamente in lettini di legno chiusi dentro zanzariere gialle, sotto un ventilatore dalle pale che frusciano, in una notte che sa di banane e di fiori – fiori grassi e sfatti che lasciano cadere i petali pesanti con un *plof* sordo – nel festoso abbaiare di cani e nel lontano rullare di tamburi.

La mattina dopo, prima di ripartire, teniamo un conciliabolo per decidere quanto dobbiamo lasciare alla missione, per ringraziare dell'ospitalità. Ma proprio in quel momento arriva l'amministratore del vescovo, tutto vestito di scuro – nero su nero, elegantissimo – e ci mette in mano il conto. Restiamo a bocca aperta. Il vescovo aveva conteggiato perfino l'acqua per lavarsi e il tutto ammontava al prezzo di un albergo a quattro stelle. Altro che òbolo! Abbiamo pagato e siamo partiti, senza neanche vederlo, il vescovo che, alle dieci di mattina, ancora dormiva.

In compenso ho conosciuto delle suorine missionarie che regalavano le loro energie e il loro tempo con una generosità commovente ai malati di una piccola comunità agricola dell'interno della Tanzania. Ci hanno ospitati per una notte, non essendoci alberghi nel raggio di cento chilometri e le ho viste correre leste fra la cucina e una poverissima stanza da pranzo per preparare una cena degna degli ospiti italiani. Da loro ho imparato che il sacrificio può essere anche allegro. La letteratura cattolica ci ha spesso tramandato l'idea del sacrificio come tormento, paura, dolore, pena, mutilazione, perdita, sofferenza, sudore e sangue. Invece le suorine missionarie, per quanto affette da terribili crisi di malaria, per quanto attaccate dalla dissenteria cronica o dalla filariosi (due di loro avevano il verme che entrava ed usciva dalla carne come il filo di un rammendo), non le ho viste lamentarsi o tenere il broncio o mostrare alcuna sofferenza. Erano talmente prese dalla cura dei lebbrosi, dalla scuola per i bambini più poveri, dal piccolo ospedale sempre a corto di medici e di medicine, che non avevano tempo per se stesse. Ed era più facile sentirle ridere e canterellare che brontolare e recriminare. Come dice mia madre: «Gli esseri umani sono buffi, nella loro diversità, visti da lontano e sono commoventi visti da vicino».

Aden – io scesa. D. rimasta a bordo con Fosco.

Tutto qui? Possibile che la fretta di arrivare impedisse ai miei di godersi questa prima sosta di un lungo viaggio esotico? Eppure la famigliola era nel momento più gioioso della sua esistenza. L'amore abbracciava i corpi e li rendeva invulnerabili ed eterni. Mia madre non spiega cosa vide ad Aden in quel tenero pomeriggio di un giorno di sessanta anni fa.

Eppure io ho dei ricordi di Aden. Una Aden disfatta dal calore, molti anni dopo.

Mi sveglio all'urlo di una iena. È notte. L'aria profuma di erba tagliata. Il mare respira grosso al di là di una collinetta. La luna rende lucenti i prati davanti all'ostello. Mi affaccio alla finestra e vedo nel soffuso chiarore un gruppo di iene che frugano dentro i recipienti di plastica dell'immondizia. Nel buio appena rischiarato dalla luna sembrano lupi. Ma si riconoscono dal posteriore più alto della testa, è proprio questo che le caratterizza. Sono maculate, hanno le orecchie a punta, i denti come coltelli e un pelo ispido, brutto a vedersi.

Al fruscio delle tendine di rafia, le bestie sollevano il muso: gli occhi scintillano nel buio. Ma capiscono subito, da animali intelligenti quali sono, che io non li caccerò via, e mi limiterò a osservarli incuriosita. Il loro rovistare nelle immondizie solleva un sottile odore di frutta marcia.

Più in là vedo un gruppo di avvoltoi dal lungo collo spelacchiato e il corpo di tacchino. Aspettano il turno per intrufolare il becco nei resti dei resti. Le loro sagome immobili nella luce della luna fanno pensare a fantasmi silenziosi e pazienti.

Il caldo mi impedisce di dormire. Ma se tengo le tendine arrotolate il grido delle iene si fa vicino e inquietante. E se gli avvoltoi entrassero nella mia camera, attraversando con un salto la portafinestra?

Nell'imbarazzo riaccendo la candela. In quel rifugio in mezzo al deserto i generatori di luce elettrica vengono spenti alle nove di sera. Riprendo il libro che stavo leggendo: *Aden-Arabia,* di Paul Nizan. "Avevo vent'anni. Non permetterò a nessuno di dire che questa è la più bella età della vita. Ogni cosa rappresenta una minaccia per il giovane: l'amore, le idee, la perdita della famiglia, l'ingresso tra i grandi. È duro apprendere la propria parte nel mondo." Un inizio sfolgorante che ho subito imparato a memoria. E ora non so più scindere il ricordo delle iene da quello delle parole di Nizan. È questa la "divina vendemmia della letteratura"? Cito Marianna Ucrìa che di letture se ne intendeva.

Bombay – si arriva verso le 5. Si può scendere solo verso le 11. D. addormentatasi – lasciatala in custodia della cameriera. Noi scesi.

Fosco e Topazia, i miei giovanissimi innamorati

genitori, sono scesi dal battello senza di me che dormivo. Sono stata lasciata in custodia a una cameriera. Non ricordo il suo nome ma conservo nella memoria un tepore di braccia soffici che cercavano di consolarmi della provvisoria perdita dei miei. Ogni volta che uscivano ero presa dal timore che non sarebbero mai tornati. Erano troppo giovani e felici per avere veramente bisogno di me. Erano tanto innamorati che uno non faceva un passo senza l'altra. Si tenevano per mano e passavano la giornata a sussurrarsi nelle orecchie parole che mi ispiravano un senso di esclusione. Ridevano spesso a garganella e io avrei voluto ridere con loro ma non sapevo di cosa e questo mi paralizzava. Sebbene sapessi di essere molto amata, intuivo che c'erano zone della loro intimità che mi erano dolorosamente proibite. Una famiglia, imparavo a mie spese, ha bisogno di questi spazi. Mentre a me piaceva pensare al nostro piccolo trio come ad un corpo compatto senza crepe, senza aperture, in cui tutto era comune e conosciuto e scambiabile.

A Bombay sono stata molti anni dopo, con il mio compagno, padre, marito e figlio, Alberto e il tenerissimo amico Pier Paolo. Era estate e di giorno la temperatura saliva a quarantacinque gradi. I piedi bruciavano nelle scarpe, l'aria bollente e secca scottava le narici e inaridiva le labbra. Si poteva camminare per strada solo la mattina alle cinque o la sera dopo le nove. Per il resto del giorno si restava chiusi in albergo con i ventilatori che giravano silenziosi sulle nostre teste, avvolti dentro le zanzariere, con un libro in mano... Distesa seminuda sulle copertine di cotone a quadri, il Madras leggerissimo con cui si cucivano anche le camicie, io divoravo *A passage to India* di Forster. "Perfino il bosco sembra fatto di fango, e la gente di fango animato. Tutto ciò che lo sguardo incontra è così fatiscente, così squallido, che quando scendono le acque del Gange ci si aspetterebbe di vederle travolgere quell'incrostazione nella terra. Le case crollano, la gente annega ed è lasciata imputridire, ma il profilo generale della città sussiste, qua gonfiandosi, là ritraendosi come un'infima ma indistruttibile forma di vita."

È vero che l'India a volte prende questo aspetto decrepito e fangoso. Ma nella sua decrepitezza c'è qualcosa di fulgido e sorprendente. Basta alzare lo sguardo al cielo: "Il cielo regola tutto – non soltanto i climi e le stagioni ma anche il momento che la terra dev'essere bella. Da sola lei può far poco – appena qualche debole erompere di fiori. Ma quando il cielo lo decide, la gloria può piovere nei bazar di Chandrapore o una benedizione passare da orizzonte a orizzonte. Questo il cielo può fare perché è forte e così enorme".

Sotto quel cielo robusto ho visto degli uomini vestiti di stracci portare con eleganza un morto steso su una barella di vimini intrecciati. Il magrissimo cadavere, avvolto in teli bianchi, veniva deposto su una pira di ciocchi a cui un braccio scheletrico appiccava il fuoco con una torcia. I parenti si sedevano intorno, sopra uno stuoino minuscolo e assistevano, pregando, al rogo. Il fuoco scoppiettava allegro, si spargeva una nube grigia profumata di sandalo. Mai una cerimonia funebre mi è sembrata meno tenebrosa.

Anche Alberto e Pier Paolo si erano fatti cucire in fretta delle camicie con quel cotone di Madras a quadretti rosa e azzurri che poi abbiamo portato per anni. Ci sono delle foto che ritraggono una Maria Callas magra e malinconica: accanto a lei, sia Pasolini che Moravia che io indossiamo le nostre camicie di Madras. Era un cotone delicato e leggero che reggeva bene il caldo. E nonostante fossero state confezionate in fretta, cadevano bene sulle spalle e anche lavate ogni giorno non perdevano il colore. A confezionarle era stato a Bombay un sarto nano che tagliava la stoffa stendendola su un largo tavolo di legno macchiato d'unto, a piedi nudi, masticando dell'erba che gli tingeva le labbra di verde.

Com'era bella Maria Callas nel pieno della sua maturità artistica! Innamorata ciecamente di Pier Paolo, sicura di redimerlo dalla sua omosessualità a forza d'amore. Volgeva verso di lui gli occhi grandi, profondi e sorrideva appagata. «Mariaaa!» la rimproverava lui quando se ne usciva con delle battute infelici sull'Africa. E lei subito taceva, mortificata. Avrebbe voluto sposarlo, mi ha raccontato una notte che abbiamo dormito insieme nella sudicia stanza di un ostello senza acqua né luce, e mettere su casa con lui. Era stata così male con Onassis che giudicava rozzo e sgarbato mentre Pasolini le piaceva per la sua dolcezza...

Una donna, dalla potenza espressiva così esplosiva, diventava nella vita privata una bambina timida e ingenua. Aveva una ammirazione infantile per il denaro e la ricchezza, come se vivesse perennemente dentro una fiaba piena di incanti: un anello non era un anello per lei ma un oggetto dalle possibili straordinarie magie; un vestito da gran sera coperto di lustrini non era un capo costoso e un poco ridicolo, ma era lì per rivelare un corpo innamorato che si affaccia sul magnifico palcoscenico del mondo. La sua testa sembrava animarsi solo a contatto con i racconti leggendari di un teatro immaginario. Nella realtà appariva goffa e maldestra. Proprio come quando si levava gli occhiali e perdeva il contorno delle cose. «Eppure sul palco non avevo paura senza occhiali, sai. Facevo una ricognizione prima di cominciare a cantare e ricordavo alla perfezione le forme degli oggetti di scena, evitavo gli spigoli, le buche, gli anfratti, ero bravissima.» «E come facevi con il direttore d'orchestra?» «Non lo vedevo, ma non importa. Lo sentivo. Non ho mai sbagliato una nota», diceva con orgoglio.

«Solo una sera con l'*Aida*, lo scenografo ha deciso all'ultimo momento di piazzare un laghetto sul palco senza dirmelo e io ci sono andata dentro con il vestito e le scarpe.» La sua risata era irresistibile, contagiosa. Ridevamo tutti immaginandola lì in mezzo al palcoscenico, coi piedi a mollo dentro l'acqua gelida, pur continuando a cantare come solo lei sapeva fare, senza perdere una nota, nemmeno una sola nota...

Colombo il 13 novembre mattina. Si sbarca tutti e tre e andiamo in giro in auto. Io non mi sento bene. D. è interessatissima ai «mimmini neri neri» e alle scimmiette che pullulano nei giardini pubblici. Si diverte molto a dar loro le noccioline.

Quindi è proprio una propensione naturale quella verso gli animali. Di cui ho goduto la compagnia affettuosa per tutta la vita: cani sempre, gatti qualche volta, una capretta, dei passerotti che facevano il nido fra i libri, una papera che ho dovuto regalare alle suore in campagna perché urlava la mattina presto sulla mia terrazza, cavalli che amo carezzare sul muso morbido e del cui odore non mi sazio mai, tartarughe, pesci. Se potessi terrei con me anche un elefante e due o tre giraffe. Ho un buon rapporto con gli animali. Li tratto come fossero persone, solo più innocenti e persi. Qualcuno ribatte sempre in questo caso: «Anche i nazisti, che odiavano gli uomini, amavano gli animali» e io rispondo che rivendico il diritto di amare gli animali e gli esseri umani senza togliere niente agli uni e agli altri. L'affetto verso gli uni non pregiudica il rispetto e la tenerezza verso gli altri.

Sono derisa alle volte anche per il mio essere vegetariana. «E le scarpe di pelle? non mi risulta che porti solo scarpe di pezza. E le cinture e le borse, non sono di pelle di mucca? allora, come la mettiamo?» Ammetto di essere una pessima vegetariana. Diciamo che il mio astenermi dalla carne è un atto di solidarietà verso i mammiferi. Mangiare una mucca mi fa molto più senso che mangiare un pesce. Riconosco che sono sofismi. Il radicalismo vorrebbe che se uno rifiuta di mangiare carne, lo faccia astenendosi da ogni specie animale e per sempre, rigorosamente coerente con la propria scelta. Ma liberarsi dalle contraddizioni non è affare da poco. Quando guardo un povero pesce con la bocca aperta disteso su un piatto, mi sento subito in colpa. Per avere inferto quella morte, anche se non sono stata io a farlo di persona, per essere in procinto di cibarmi di quella carne. Non sono tutte creature di Dio? suggerisce una voce severa. Mi chiedo se san Francesco mangiasse qualche pesciolino.

Ricordo il primo sarago catturato col fucile subacqueo, mentre nuotavo lungo le coste di Ustica dalle acque limpide e profonde. Una delle vacanze più selvatiche, con mio padre e alcuni suoi amici. Ospiti di una casa di pescatori senza acqua né luce. Le lunghe gite in barca remando fino a sentirsi indolenzire le braccia. Le cantate di notte sulla terrazza dai profumi marini. Le mangiate di cocomero che finivano con lancio di bucce, accompagnato da risate contagiose.

La mattina ci dedicavamo agli agguati fra i fondali rocciosi: scogli coperti di alghe e di ricci, illuminati da raggi solari che si frantumavano in rombi, quadrati, cerchi molli e incostanti. Un odore fortissimo di sale e alghe marce nelle narici. Inseguivo un sarago muovendomi silenziosa fra i massi muschiosi, il fucile puntato verso il basso, le piccole onde che mi accarezzavano la nuca, l'elastico della maschera che mi stringeva le tempie, i piedi allungati e resi rapidi dalle lucide pinne azzurre.

Il sarago sospettoso si era nascosto negli anfratti di un macigno che sembrava rotolato direttamente dal cielo sopra quelle sabbie candide e pulite. Lo aspettavo al varco. Sapevo che sarebbe uscito per riprendere la sua caccia ai piccoli pesci d'argento vivo che si spostavano a banchi con un movimento da ballo nelle acque trasparenti. Accanto alla mia testa un pomodoro di mare respirava pigramente facendo ciondolare i suoi corti tentacoli gialli e rossi.

Credo di avere capito in quel momento, una volta per tutte, il sentimento del cacciatore in agguato: una sospensione fra cielo e terra che rende leggero il tuo corpo fino a fargli perdere la memoria della sua mortalità. Un raccoglimento che accorcia i muscoli come fossero molle pronte a saltare in un impeto di vitalità animale. Una attenzione raccolta, feroce e nello stesso tempo tenerissima, che accudisce la preda e la spia nel momento stesso in cui ne progetta la distruzione.

Il sarago è uscito, prima timidamente, solo con la punta del muso curvo. Ho visto il roteare di un occhio timoroso e poi il guizzo della coda che ha sollevato una piccola nuvola di sabbia. Cercava di offuscare il suo cammino ed era una mossa ben fatta. Infatti l'ho perso di vista per qualche attimo. Ma il suo dorso lucido, le larghe strisce brune e la limpidezza straordinaria dell'acqua mi hanno riportato sulle sue tracce. Piano, piano, amica mia, non fare rumore, non agitare l'acqua con le tue pinne, non soffiare nel tubo della maschera, respira lentamente, prendi fiato e preparati ad attaccare. Il fucile è carico? la freccia bene innestata? il polso elastico pronto a fare scattare la molla assassina?

Il gioco delle parti è stampato nella geografia del cielo, fisso come una costellazione: niente e nessuno può cambiarlo. Questa la certezza del cacciatore che sta appresso alla sua preda. L'animale ha il compito di fuggire, di nascondersi, di fare le finte per depistare il nemico, di sollevare polvere, di voltarsi bruscamente su se stesso. Il cacciatore ha l'incombenza di inseguirlo, stanarlo, raggiungerlo e colpirlo. Non ci sono possibilità di invertire le parti. Esse sono lì, fisse per l'eternità. Così pensa il battitore mentre punta paziente l'animale che scappa. E subito mi viene in mente la ragazzina che ero, bionda e magra, con le ginocchia sempre sbucciate, che si muoveva con noncurante fiducia nelle acque lustre di una Sicilia del dopoguerra. Un tiratore mi vede, decide di partire alla caccia. Mi insegue, mi stana con parole gentili. Mi punta. E io, molto meno sospettosa del sarago, anche perché il cacciatore in questione era un carissimo amico di famiglia, mi avvicino, sorrido e vengo colpita da una freccia avvelenata. Che non mi uccide ma mi ferisce irreparabilmente per il futuro a venire. La cicatrice non andrà più via.

È una questione di punti di vista? o esiste in qualche parte della coscienza un sentimento di equità per cui il predatore e la preda si riconoscono e decidono di non giocare più quel gioco dell'attesa e dell'orrore? Forse smettendola di inseguirci e di cacciarci non faremmo affatto precipitare il firmamento.

La natura, ovvero Dio, ha creato gli uomini carnivori, ha creato gli uomini cacciatori, dicono in molti. Nella presunzione sublime che la razza umana è superiore a ogni altro essere vivente sulla terra. Ma, ma... i dubbi sono tanti e nascono nel momento in cui la scienza scopre, quasi contro la sua volontà, un mondo animale complesso e variegato in cui l'intelligenza e la capacità di comunicazione vengono fuori ogni giorno più ardite e fantasiose. E poi ricordiamoci, come dice il professor Umberto Veronesi, vegetariano, che discendiamo dai primati e i primati non mangiavano carne.

Per pascerci con tranquillità di quelle meravigliose mucche dagli occhi miti e gentili, dotate di sentimenti materni e paterni, abbiamo ritenuto comodo credere che esse siano prive di pensiero e soprattutto prive di affetti. Ma la scienza ci dice che ciò che gli animali provano di fronte al dolore, sia fisico che morale, non è molto dissimile da ciò che proviamo noi. I pensieri degli asini, dei cavalli, delle capre sono forse più inarticolati ma esistono e comprendono sistemi di difesa, strategie di sopravvivenza, curiosi metodi di adattamento alle schiavitù più brutali pur di non fare scomparire la specie. Come non tenerne conto?

La ragazzina bionda a questo punto ha trapassato il corpo del sarago da parte a parte con una freccia di metallo ad alette snodabili. Ora tira su, facendo leva con le pinne contro l'acqua in un pedalare veloce, la cordicella che tiene legata la freccia al fucile. Un momento dopo stringe in mano il sarago che annaspa cercando ossigeno mentre il sangue fluisce fra le dita e si disperde nell'acqua trasparente inondata dal sole.

La ragazzina bionda osserva quel sangue che si scioglie e scorre via, osserva il pesce che si contorce nell'ultima agonia, osserva gli occhi tondi che si spengono e ha orrore di se stessa. In quel momento la cacciatrice recupera la capacità di sdoppiamento, di identificazione e diventa preda. Perché, si sente chiedere da una voce interna, inopportuna ma insistente, perché l'hai fatto? perché? Quel sarago, inutile dirlo, non sono riuscita a mangiarlo.

Da quel giorno non ho più cacciato col fucile subacqueo. Mi sono limitata a osservare i pesci che nuotavano prudenti e veloci, senza farmi prendere dalla foga di stanarli, di ucciderli. E ho maturato l'idea che la caccia è sì esaltante ma troppo ingiusta e inutile in un mondo che già schiavizza gli animali. Una volta la caccia rispondeva a una qualche reciprocità: l'uomo armato di fucile affrontava, in una foresta ostile, branchi di animali che lo avrebbero sbranato. Ma ora a cosa si è ridotta la caccia? a un gioco organizzato, a pagamento, in cui poveri animali vengono gettati in una arena per essere fucilati da ricchi cacciatori, oppure a una farsa in cui un uomo dotato di armi sempre più sofisticate e micidiali se la prende con degli uccellini che neanche mangerà, per il puro gusto di sparare e uccidere.

Singapore. Di nuovo scendiamo tutti tre. E poi: *Singapore – Manilla – mare un po' mosso. Io comincio a soffrire di più. D. sempre più abbandonata ai... camerieri! Che l'adorano.*

Chissà perché mi adoravano questi camerieri. Sarà l'illusione di una madre innamorata? O forse mi stavano intorno perché li divertivo con le mie buffonate. Pensavo allora istintivamente che i grandi andassero intrattenuti e divertiti, altrimenti chissà cosa mi avrebbero fatto. O forse mi adoravano perché sapevo ascoltarli. Il mio impulso naturale è sempre stato quello di farmi orecchio paziente e avido, recipiente carnale di storie le più strampalate e infelici, le più variegate e gioiose. Sono diventata, crescendo, una raccoglitrice di vicende e non mi sazio mai di ascoltarle. La gente lo capisce e mi confida le sue verità più nascoste e complicate.

Singapore, scrive mia madre. Una mano frettolosa la sua, di giovane sposa scrupolosa ma anche impaziente di arrivare a destinazione. Eppure Singapore doveva essere una novità sorprendente anche per lei. Chissà cosa abbiamo visitato scendendo dalla nave... Il museo di storia? Il quartiere antico? che poi di antichità vera e propria non si può parlare: Singapore nasce come base commerciale (trading post), nel 1819, fondata dal lieutenant Sir Stamford Raffles che per primo si accorda con un capo locale, Temenggong Abdul Rahman. Così raccontano i libri di storia. Primi ad arrivare in folla furono i cinesi che, unendosi con le donne della penisola di Malacca, diedero vita ad una popolazione che fu chiamata Peranakani, oppure Baba.

Forse i miei due giovanissimi genitori innamorati avranno preso il vaporetto ai piedi del monte

Faber per andare sull'isola di Sentosa dove c'è un cimitero di pirati. O forse avranno visitato la Moschea, costruita nell'Ottocento dall'ultimo sultano di Singapore, Iskandar Shah. Oppure saranno andati a perlustrare le famose idrocolture: lì, dove la terra è scarsa, la popolazione troppa, i contadini seminano lattughe e rape direttamente nell'acqua.

Peccato che mia madre non abbia raccontato la Singapore di quei giorni: una città dalle strade strette e affollate, i venditori ambulanti con i loro carrettini tirati a mano, i ricsciò che corrono trafelati, i tintori che espongono le stoffe gocciolanti di rosso e di viola sui cespugli dei giardini pubblici, la polvere che vortica giorno e notte lungo le strade non asfaltate, le scimmie che saltellano fra un tetto e l'altro rubando i frutti appesi a seccare.

Non sono più stata a Singapore, avendo ormai perduto la gioia dei viaggi per mare. Anche volendo, non esistono più navi di linea. Ma l'ho spesso sorvolata. E inoltre l'ho incontrata, prima ancora che esistesse come città, nella forma delle misteriose terre malesi che la circondano, dentro i libri di scrittori amati. Le colline azzurrate di Conrad, le foreste pietrificate di Stevenson, i fiumi impetuosi di Jules Verne, le città misteriose di Green.

Oggi so che, come Pechino, come Seul, come Shanghai, anche Singapore è diventata un enorme scatolone di cemento, con palazzi alti centinaia di metri che convivono accanto a case basse dalle tegole di terracotta, le strade invase da un fiume di automobili americane e giapponesi.

Rimane la Singapore dei film americani che tanto mi affascinavano quando ero bambina. Ne ricordo uno con Ava Gardner e Fred MacMurray, lei bellissima, bruna, che si muoveva come un serpente boa. Non rammento quasi niente della storia ma so che c'erano molte signorinette col vitino di vespa e molti giovanotti dall'aria malandrina. Credo si trattasse di un marine che torna sui passi di una guerra ancora vicina, di un incontro, di un amore pericoloso.

Una volta in un ristorante romano ho visto venirmi incontro una donna alta e splendida, dai colori della notte, il sorriso di una luna appena spuntata. Era lei, Ava Gardner. L'ho sentita ridere e l'ho vista prendere il braccio di un giovane scanzonato e allampanato. Lo chiamava Walter. Io ero una ragazzina che si faceva incantare dal cinema, loro erano le divinità di un cielo fatto di stelle che portavano cappelli flosci, boccoli sul collo e occhi truccati. Yankee, yankee, dooodle doo...

Manilla – Hong Kong. Mare molto cattivo. Io debbo restare a letto. Fosco anche lui in certi momenti non è punto valido. Una sera – la peggiore – nella sala da pranzo non c'era nessuno. Solo D. sedeva imperterrita, sola al grande tavolo, mangiando magnificamente ogni sorta di "delicatezze", contornata dall'intera banda dei camerieri sfaccendati. Io l'ho intravista di passaggio mentre dal ponte correvo a... letto.

A questo punto mi chiedo: ma quando ho preso a soffrire di voltastomaco? Com'è che oggi perfino stare in piedi sui pontili d'attesa dei vaporetti a Venezia mi fa venire la nausea? quando è che la bambina dai capelli color stoppa si è trasformata da robusta navigatrice, padrona di tutte le navi, in una timida ragazzina con lo stomaco sempre in subbuglio?

Nei più lontani ricordi il mare sotto i piedi mi appare nemico, foriero di terribili vomitate. Come mai a due anni ne ero immune? Che il mal di mare sia una cosa che si apprende, una specie di eredità culturale che si riceve in dote per gentilezza materna, dopo i tre, i cinque anni?

Hong Kong. È bellissima. Andiamo in giro per delle ore in auto – sempre con Daciuzza. La piccola amica di D., Lilongo Tam, è scesa e rimane qui. Erano una famiglia molto carina.

Di quella sosta a Hong Kong non restano che queste parche parole. Ci sono tornata anni dopo con Alberto, ospite di una simpaticissima famiglia di medici, che tenevano due scimpanzé al piano di sopra, e tre enormi pappagalli bianchi e rossi al piano terra, legati con delle catenelle a degli alti trespoli. Io ho subito fatto amicizia con uno dei piccoli scimpanzé, l'ho custodito in braccio durante una lunga gita in barca per la baia. Conservo ancora una fotografia di quella escursione con lo scimpanzé in braccio. Mimavo forse le tenerezze di una maternità interrotta bruscamente? Avevo perso un figlio qualche anno prima, al settimo mese. Col bambino avevo smarrito ogni affezione per una famiglia che mi ero messa in mente di coltivare e accudire. Il mio giovane marito Lucio, disilluso, se n'era andato a New York a costruirsi un'altra famiglia. Una moglie «che ti assomiglia molto», come mi ha detto una volta mia suocera, da cui ha avuto tre bambini. Per poi divorziare e risposarsi con una ragazza molto più giovane, che gli ha regalato ancora una figlia. Ha perso i capelli il bel Lucino, la faccia gli si è riempita di rughe, ma conserva un corpo da giovanotto timido e sportivo, gli occhi allegri e un sorriso dolcissimo. Quando vado a New York gli telefono e lui mi invita nel suo studio che odora di trementina e mi mostra gli ultimi quadri grandissimi su cui formicolano corpicini larvali e ossessive figure misteriose.

Un'altra volta sono capitata a Hong Kong durante uno scalo aereo, in viaggio verso l'Australia, dove rappresentavano un mio testo teatrale. L'aereo è atterrato in mezzo a raffiche di vento, su una striscetta di pista fra i palazzi e a ridosso del mare. È stato come entrare con tutto il velivolo dentro un astuccio. Sarebbe bastato sbagliare di qualche centimetro per sbracare l'involucro e precipitare a mare.

L'aereo ha dovuto sbrigarsi ad atterrare in quel brandello di pista perché stava sopraggiungendo un uragano. Il cielo era livido, il mare solcato da lunghe strisce nerastre. Nelle strade volavano mulinando pezzi di carta, stracci e perfino insegne di ferro. Nel porto le tante famiglie che vivono nelle barche stavano cacciando sottocoperta le masserizie, tirando giù dalle corde la biancheria stesa ad asciugare, legando con funi e spaghi le povere suppellettili. L'uragano non avrebbe risparmiato nessuno. E difatti, poche ore dopo è esploso con una furia che noi mediterranei non conosciamo. Dalla finestra dell'albergo da cui era proibito uscire, ho assistito al crescere della collera marina: le onde si sono fatte sempre più alte, l'acqua salata si è inerpicata fin sulle rampe del porto gettandosi poi rabbiosa lungo le strade, investendo e allagando case e negozi. Ho visto la gente correre a gambe nude, cercando un rifugio nei portoni, trascinandosi dietro grossi fagotti carichi di galline starnazzanti, di maialini tremanti, e persino di bambini piangenti. Il giorno dopo sembrava che nelle strade fosse passata la guerra: alberi divelti, negozi dalle vetrine infrante, tendoni strappati, automobili rovesciate, detriti di legni e di mattoni che si ammucchiavano in mezzo alle vie. Ma la gente non pareva disperata. Con una antica pazienza che testimonia della frequenza di quegli scossoni, si è rimessa in allegria a rimediare ai danni. Le case galleggianti sono tornate a esporre la biancheria bagnata, di sera sono riapparse le lampade di carta sui pali, i tricicli hanno ripreso a correre e i negozi hanno riaperto le serrande dopo che ai bordi della strada erano stati scaricati quintali di fango puzzolente.

24 Novembre Shanghai. Dove resteremo una settimana.

Era un modo di viaggiare molto più umano di quello di oggi. Ci si avvicinava al luogo di arrivo con lentezza, fermandosi a riflettere, a gustare le soste. C'era il tempo di assaporare la conquista di un nuovo paese, di capire le distanze, di sognare il futuro, facendosi cullare dalle onde.

Molti inviti – molte cose da fare, persone da vedere, continua mia madre ed è difficile per me capire chi fossero queste persone. Come facevano a conoscere tanta gente se erano appena sbarcati e sarebbero partiti di lì a una settimana?

C'era poi la bambina: a chi affidarla? *Bisogna lasciare D. all'Hotel con un'"hama"*, continua mia madre, *me ne mandano una tanto carina e pulita – porta i pantaloni blu scuro e il grembiule bianco, i capelli nerissimi lucidi tirati tirati o annodati stretti dietro. Molti denti d'oro. La carnagione dorata. Ha un odore tutto suo – forte – ma non di sporco e non è sgradevole. D. detesta rimanere con lei, ma appena noi usciti ci sta contenta a giuocare assieme.*

L'arte dell'accomodarsi. Che ho dovuto imparare presto, con due genitori tutt'altro che propensi a viziarmi.

Sento in mia madre una sicurezza di classe nel parlare delle tate, delle cameriere, delle governanti come fossero un attributo naturale della famiglia. In questo si può avvertire il passaggio da una generazione all'altra. Per me è quasi sconveniente pagare una donna perché pulisca e stiri la mia roba quando potrei adoperarmi io stessa. «Non fare la giacobina! Il mondo è costruito così, e tu non puoi cambiarlo!» Lo so. Ma non posso impedire che un altro semìno venga gettato in quel prato della mia coscienza dove proliferano le erbe del rimprovero.

Ogni tanto porto D. fuori in "ricsciò". Le piace enormemente – non vorrebbe mai scendere. Naturalmente è fuori come in albergo ammirata da tutti. Forse perché così bionda e indipendente. Per le strade trotterella sola davanti a me. Non vuole tenuta la mano e quando ci troviamo nelle strade principali che i cinesi affollano, ho paura d'infezioni di animali, di urtoni... [...] Allora ci rifugiamo in un ricsciò – ma bisognava pur camminare un po'!

Povera madre, divisa fra il bisogno di fare un poco di moto e la paura di vedere travolta la sua bambina!

Nel settembre 2000 sono stata in Cina, per la pubblicazione di un mio romanzo. Ho visto città trasformate in mostri di cemento e di vetro: i palazzi si slanciano arroganti verso il cielo, enormi banche scintillanti hanno sostituito i negozietti di frutta e verdura, le automobili hanno soppiantato le biciclette. Eppure, pericolosamente sguscianti in mezzo al traffico metallico, ho ritrovato i ricsciò di mia madre... Povere sgangherate carrozzine tirate da una bicicletta su cui pedala un giovanotto in canottiera. Le sole testimonianze di una Cina ormai scomparsa. Umili e anacronistiche macchine umane che, nonostante le banche, nonostante i supermercati, nonostante le infinite automobili, continuano a pedalare coi piedi nudi chiusi dentro sandaletti di plastica, facendo faticosamente leva sui muscoli magri delle gambe per guadagnare qualche soldo, lungo i larghi viali di Pechino.

Shanghai – Kobe. Sul piroscafo inglese "Corfù". Si sta male in paragone al "Conte Verde". Si mangia pessimamente e bisogna attenersi agli orari con precisione. Io mi sento sempre piuttosto male.

Quindi abbiamo cambiato nave. E qui, in mezzo agli inglesi bisogna conformarsi a regole più strette. Il mare evidentemente è spesso mosso, e mia madre soffre di nausea. È da presumere che la bambina invece stia sempre benissimo. Infatti poco dopo mia madre scrive:

D. ama sempre gironzolare sola e vorrebbe arrampicarsi ovunque. La scaletta dell'ultimo ponte è la preferita, è come un trapezio – su e giù fino che si stanca. Bisogna badarle senza aiutarla o protesta energicamente.

Notazioni sul carattere della figlia, da attenta osservatrice. Mia madre mi studiava e mi giudicava mettendo da parte l'impetuoso amore materno, per capire i difetti, le qualità di una bambina che sarebbe diventata ragazza e poi donna. Mi studiava spregiudicatamente. E mi trovava orgogliosa oltre ogni limite e cocciuta. In effetti caparbia lo sono sempre stata. Non so se in questo assomiglio più a mio padre o a mia madre. Tutti e due sono assolutamente determinati quando decidono di dedicarsi a una causa che ritengono giusta. D'altronde: da chi avrei preso quello spirito di indipendenza e quella risolutezza se non da lei e dal suo amato marito che è diventato mio padre?

«Ti sento compiaciuta nel parlare della tua caparbietà» direbbe un mio amico siciliano, sempre molto critico nei miei riguardi. Questo libro, sono sicura, lo troverebbe «disgustosamente narcisistico». Non sapendo che è nato per caso, dalla scoperta degli straordinari quaderni di mia madre. A cui io avrei dovuto solo anteporre una prefazione. Ma quando ho cominciato a scrivere, la mano è partita da sola e non si è più fermata. Gli scrittori, è vero, sono spesso impudichi. Della loro vita fanno materia di narrazione e non possono esimersi dall'inseguire i personaggi del proprio passato con comica e ingenua fermezza e chissà, anche con qualche sfacciato e riprovevole narcisismo.

«Hai una propensione morbosa e molesta verso il recupero di cose morte e sepolte. Non credo che ti faccia bene alla salute», insisterebbe il mio amico, che più incrudelisce più diventa affettuoso e sorridente.

"Stubbornness" la chiamava mio nonno Antonio e rimproverava sua moglie Yoi di non sapersi avvicinare al pensiero altrui. Cosa che d'altronde neanche lui sapeva fare. Nonostante la sua affabilità, nonostante la sua estrema cortesia, si avvertiva nei suoi modi una affettazione tutta diplomatica e gelata. Quando era generoso aveva una idea strategica in mente. E sia mio padre che la nonna Yoi avversavano sotterraneamente questa diplomatica amabilità priva di immediatezza. Era un uomo composto e cortese, abitato da un severo censore che osservava ed emetteva giudizi pungenti ma, prima di dichiararli, si guardava intorno, faceva il conto delle forze in campo. Mai una mossa falsa.

La mattina presto si chinava a curare le dalie dai colori languidi e meravigliosi. Negli ultimi anni della sua vita si era interamente dedicato al giardino di Torre di Sopra. Lo ricordo così, curvo sui fiori, tutto vestito di bianco, con un cappello di paglia in testa.

La nonna era morta, lui curava quelle dalie con delicatezza paterna, spuntando le foglie morte, pulendo i petali dagli insetti, innaffiandole di un velo d'acqua, rincalzandole con il concime. Sollevava la testa quando arrivavo trafelata per avere corso sulle scalette del giardino.

Venivo dal collegio, la domenica, e avevo voglia di sbracarmi al sole. Ma subito mi componevo al contatto con il suo sguardo inquisitore. Vedevo che mi studiava, con affetto forse ma senza indulgenza, cercando il guasto. E trovandolo naturalmente perché ero una ragazzina sempre in moto, irruente e a caccia di guai. «È vero che forse un poco assomigli alla nonna Yoi, ma lei era buona, tu no» diceva con voce pacata e punitiva. Cosa avevo fatto di male? I sensi di colpa mi si erano già inerpicati lungo la schiena. «Hai rubato le ciliegie sull'albero, ti sei sporcata il vestito, tua nonna non l'avrebbe mai fatto, nemmeno quando aveva cinque anni.»

Un'altra volta a tavola a Firenze mi disse: «Potresti avere gli occhi di nonna Yoi, ma lei era bella e tu no». Poi, vedendo la mia faccia mortificata, ha continuato: «Lei non aveva la plica mongolica che avete tu e Fosco». Ma da dove l'aveva presa la plica mongolica mio padre se non da lui?

Come la plica mongolica avevo sempre qualcosa che mi impediva di essere all'altezza della nonna che pure mi assomigliava a detta di tutti. Gongolava, lo vedevo, come un vecchio tacchino, quando riusciva a ferirmi.

Mi chiedo se sto solo riflettendo nel ricordo l'antipatia di mio padre per lui... Non si sono mai intesi il nonno e papà. Mai capiti, mai inteneriti l'uno verso l'altro. Mio padre era una creatura estranea, nata dalla sola madre senza l'intervento del padre, così sembrava pensare il nonno. Anche se gli assomigliava, nel sorriso, nel taglio degli occhi, nelle mani corte e robuste. Non si riconoscevano come padre e figlio e da lì sono nati tanti guai. Certamente il viaggio in Giappone è stato soprattutto una fuga dal padre carnale e dal padre politico che in quel momento imperversava dai balconi di piazza Venezia e pretendeva ubbidienza e dedizione. Non saprei dire se il volontario esilio sia stato del tutto negativo. Certo, se fossimo rimasti in Italia non saremmo andati a finire in un campo di concentramento per antifascisti in quel di Nagoya.

Un destino di diserzione nato da una caparbietà risoluta che il padre rimproverava al figlio, attribuendola alla madre e che il figlio aveva troppo a lungo sopportato sulla sua pelle e che a sua volta imputava al padre, nonostante le astute strategie di pace. "Padre mio, vorrei che tu ed io, / in una tomba molto fresca e grondante d'acqua, / vorrei che noi, ma la tua faccia / padre mio, azzurra e incallita, fra le sopracciglia sottili / e la fronte convessa, fra le labbra / arricciate e il mento aguzzo / in una valletta allegra / vorrei che tu e io, padre mio / ci dicessimo la verità..." scrivevo nel '66 in *Crudeltà all'aria aperta*.

Kobe 1° Dicembre 1938. Per un pomeriggio soltanto. Sempre in giro con D. che non è abbastanza calma da voler riposare nel pomeriggio. Questa vita scombinata non è affatto buona per una bambina piccola. Non vedo l'ora di arrivare a destinazione. Siamo tutti e tre stanchi e i nostri bauli sono in un disordine avvilente.

Ho davanti agli occhi una cartolina dell'Ikuta Shrine, il tempio dalle punte lignee rivolte verso il cielo, dedicato alla dea Wakahirume-no-Mikoto che dicono sorella della grande dea Amaterasu Omikami. Solo pochi cedri del Giappone e qualche albero di canfora, testimonianza dell'immenso parco che circondava il piccolo porto. I cedri e le canfore sono stati tagliati nell'Ottocento per fare posto al massiccio corpo della stazione di Sannomiya. Da un lato, ecco uno strano monumento in stile occidentale dedicato all'astronomo francese P.J.C. Janssen. Pare sia stato a Kobe nell'anno 1874 per osservare un passaggio di Venere nel cielo del Giappone. Chissà se i miei giovani genitori hanno avuto modo di salire sul monte che sovrasta la città fino a raggiungere il tempio buddista Dairyuji, fondato nel 768 da Wake-no-Kiyomaro "il più leale dei nobili alla corte di Nara". E chissà se hanno potuto vedere la statua di legno laccato del Nyoirin Kannon, scolpita nel 710. Qui Kobo Daishi pare abbia introdotto la dottrina Shingon nei primi del IX secolo, tornando dalla Cina dove era andato a studiare il buddismo. Chissà se le scarpe europee di Fosco e Top (come mio padre chiamava mia madre) si sono soffermate sul prato che circondava il famoso monumento di pietra sotto cui era scritto: "Ah, qui giace il fedele Kusunoki". Ma chi era Kusunoki? Io che amo le storie, trovo sempre qualcuno che me le racconta: Kusunoki Masashige era un famoso guerriero che tenne testa, in nome dell'imperatore, ad un esercito di migliaia di uomini capeggiati da Ashikaga Takauji, il ribelle. Era il maggio del 1336. Dopo ore di battaglia, Takauji ebbe la meglio e Kusunoki Masashige, con i suoi settecento uomini fedeli al sovrano, fu costretto a ritirarsi. Da quel momento, o si consegnava al nemico (suo e dell'imperatore) o faceva harakiri. Scelse di tagliarsi la pancia con una spada affilata mentre un compagno di armi gli mozzava la testa. Dopo di lui tutti e settecento i guerrieri fedeli all'imperatore fecero harakiri. Questo è il Giappone. Ah, qui giace il fedele Kusunoki!

Tutto – gli alberi, le statue, i templi, le case, i monumenti, i giardini – è stato demolito dai bombardamenti della seconda guerra mondiale. Ricostruito con la proverbiale pazienza nipponica, è stato nuovamente distrutto dalla furia cieca del devastante terremoto del 1995. Povera Kobe! Mi piacerebbe che nella memoria lontana e segreta dei miei occhi di bambina, fosse rimasto qualche brandello, qualche piccola immagine della Kobe di prima della guerra, di prima del terremoto, come un sogno infantile impossibile a cancellarsi: il ramo contorto e bellissimo di un cedro dalle foglie quasi bianche; due ciuffetti di fiori di canfora, gialli e dal forte odore pungente; un braccio ligneo di Budda, laccato di rosso; una mano di pietra dell'astronomo francese Janssen che stringe un binocolo da cui si può ancora scorgere una Venere luminosa e piangente.

Mi distacco con dispiacere dalla Kobe immaginaria per tornare al viaggio verso Sapporo di tanti e tanti anni fa. Eppure quel sentimento di sospensione fra un luogo e l'altro, accanto a dei bagagli in disordine, mi è tanto familiare che non mi sembra di essermene mai veramente liberata. Tante città, tante case che ho amato ma che ho perduto per sempre. Il nomadismo è un torrente che scorre nelle vene di famiglia e non credo che potrò mai veramente sostare senza progettare un viaggio subito dopo.

Kobe – Tokio. In principio D. si diverte poi naturalmente si stanca perché non sa cosa fare. Si stanca dei pochi giocattoli che ha a disposizione – si sporca le mani, la faccia, le gambe e non bastano i vestiti.

Un altro treno, un'altra tratta, un altro paesaggio. E la piccola bambina bionda non sa stare al suo posto. Si affaccia a contemplare le infinite risaie che si susseguono lungo la ferrovia. Si siede a leggere un libro pur non sapendo ancora distinguere le parole sul foglio. Canta assieme alla madre la canzone di Pinocchio. Dorme un poco con la testa appoggiata sulle ginocchia di lei. Ma certo si annoia. Perché a questo punto vorrebbe una casa, un letto vero, un giardino in cui correre. Il nomadismo di famiglia è mitigato dalla sicurezza del ritorno. Si va via per tornare. Si sogna per svegliarsi. Si agogna la notte per riprendere a sognare.

Finalmente arriviamo a Tokio. Il primo approdo: Imperial Hotel. Una grande costruzione in stile razionale disegnata da Frank Lloyd Wright. Uno dei pochi alberghi che non si lascerà buttare giù dalla tempesta di bombe dell'ultima guerra. Ma sarà invece raso al suolo nel dopoguerra da incoscienti e smaniosi "innovatori", che costruiranno al suo posto un hotel tutto nuovo che del vecchio conserverà solo il nome.

Sono tornata negli anni Settanta a Tokio. Il luogo era quello, ma della genialità del vecchio Wright non c'era rimasto proprio niente: di quei corridoi a volta che avevano resistito ai terremoti e alle bombe, di quelle sale ampie dal soffitto a campana neanche l'ombra. Al loro posto saloni di marmo lustro, finestre dai doppi vetri incorniciati d'oro, insomma un normale albergo di lusso degli anni Cinquanta. All'Imperial Hotel, non rimarremo molto anche perché costa caro. Al più presto troviamo rifugio nei Bunka Apartments. *C'è molta gente da vedere*, commenta mia madre, *innumerevoli inviti, da ogni membro dell'Ambasciata. Io spiego che non posso lasciare D. sola. Tutti vogliono che la portiamo con noi, così lei è presente a tutti i pranzi e colazioni. Non vuole allontanarsi da me un momento. Si vede che il viaggio l'ha resa nervosa. È difficile non contrariarla ed allo stesso tempo cercare di non farle prendere brutte abitudini.*

Anche qui fa freddo. Io sono raffreddata. Dacia no.

Tutti i giapponesi sono gentilissimi – anche troppo – con i bambini e con D., mi sembra, in modo speciale.

È strano sentirsi tanto guardati. L'affollato Viale

"Ginza" è il campo di battaglia di D. che fa come uno spartiacque fra le sottane (kimono!) e gli zoccoli per raccogliere una scia di «kawai né?» (carina, eh?). È quasi imbarazzante. Tutti mi sorridono e mi sento come quei reali che passano fra due file di cittadini ai quali debbono sorridere e inchinare la testa.

Erano così rari gli stranieri a quell'epoca che una bambina bionda faceva sensazione. Oggi nessuno si volterebbe a osservare una bimbetta che non abbia i capelli neri tagliati a paggetto, sottili occhi a mandorla, e un naso camuso. Ho forse imparato allora il sentimento della differenza? Ai bambini non piace essere diversi dalla maggioranza. Infatti io avrei voluto essere nera di capelli, e non bionda come le pannocchie di granturco, avrei voluto avere la pelle olivastra e non bianca come una mozzarella. Avrei voluto un paio di occhi neri, tagliati elegantemente, con la plica mongolica ancora più accentuata della mia, nonostante il disprezzo di mio nonno Antonio. Ma allora non lo conoscevo e non sapevo che avesse una particolare antipatia per la plica mongolica, che criticava nel figlio come fosse un difetto del carattere.

Tokio – Hakodate – SAPPORO. Viaggio stancante, lungo. Penso che D., relativamente, è buonissima. Vuole percorrere in largo e in lungo tutto lo scompartimento e si ferma senza timidezza davanti a persone di ogni genere e a soldati e ufficiali in particolare.

Sul piroscafo da Aomori a Hakodate facciamo colazione alla stessa tavola con 4 ufficiali. D. sale a turno sulle gi-

nocchia di tutti che l'abbracciano, la dondolano, e giuocano con lei sorridenti come bambini con una bambola!

Questa propensione per gli ufficiali è curiosa. Non me la conoscevo. La propensione degli ufficiali per le bambole invece è un poco più prevedibile. Può darsi che ai bambini la divisa faccia una particolare impressione. È possibile che ad attirarli sia un senso di autorità che portano con sé le uniformi? Ma perché i bambini dovrebbero essere attirati dall'autorità? forse perché rifuggono dal disordine in cui erano immersi prima di nascere? o forse perché il buio indistinto da cui provengono, lo sentono ancora pericolosamente vicino? La nascita non è anche un passaggio dal caos della materia al bisogno di ordinare e catalogare le cose attraverso l'attribuzione dei nomi? Come possedere quegli oggetti che si presentano a noi pieni di sorprese e di promesse senza l'aiuto del linguaggio? Forse la divisa è una prima forma di linguaggio, chiaro e conseguente, che anche un piccolo selvaggio può intendere.

Da Hakodate a Sapporo ci danno uno scompartimento lussuoso tutto per noi – è molto più comodo per D. che ha più spazio di salire e scendere e sdraiarsi sui sedili.

Al vagone ristorante un uomo grassone dal fondo dello scompartimento manda in omaggio un piatto di dolciumi e cioccolatini a D. Fosco ed io siamo un po' confusi. Un altro dopo un po' manda della frutta e del torrone. Siamo veramente "overwhelmed" e D. con gran naturalezza e sorrisini ringrazia accettando tutto come dovutole!

Insomma mi stavano viziando, familiari e sconosciuti. Ma chi mi voleva fare sentire diversa e speciale se non lei, la madre dei Gracchi, talmente felice di questa figlia bambina, da averla eletta regina prima ancora che avesse messo i denti?

SAPPORO. 15 Dicembre 1938. Ci aspettano al Grand Hotel. La città di sera – con poche luci, di cui alcune colorate, che si riflettono sulla neve abbondantissima – sembra uno scenario per una notte di Natale.

L'indomani mattina esco con D. Tutti si voltano a guardarla con le solite esclamazioni a base di «kawai kawai». La gente è simpatica e diversa da Tokio. L'atmosfera ci piace subito. Una delle cose che impressiona D. è il gran numero di cornacchie che saltellano da albero ad albero pesantemente con rumorosissimi «qua qua qua qua».

Non so se fu proprio in quell'epoca che mia madre mi cantò per la prima volta una vecchia canzone popolare che dice: «Oh belle belle belle, ragazzine venite qua, a sentire la storiella della cornacchia del Canadà». Ricordo la sua voce fluida e franca di cui non ero mai sazia. «Ancora mamà!» E lei riprendeva: «Un giorno la cornacchia se ne stava su di un prato e il corvo dalla finestra le faceva l'occhiolino». Ma presto si distraeva... «Ancora mamà...» E lei riprendeva: «... ma la cornacchia bella si infischiava di quell'amor perché sotto sull'erbetta c'era Cecchino, il cacciator... Ti basta?». «No, raccontami la fine.» «Non me la ricordo.» Non era vero, in realtà non voleva farmi partecipe di una conclusione crudele. «Ti prego...» «Non ricordo...» «Allora ricomincia da capo.» E lei riprendeva paziente: «Oh belle belle belle, ragazzine del Canadà...». Ma io sapevo come andava a finire.

Era una canzone che mi stupiva e mi incuriosiva: come ci si può innamorare del proprio assassino? Mi sembrava una cosa innaturale che quella cornacchia svolazzasse attorno al fucile di Cecchino ben sapendo che avrebbe sparato. Eppure era forse proprio questo che mi attirava. Poi con gli anni ho imparato che in effetti molte donne, per antica abitudine alla soggezione, spesso si innamorano di Cecchino, il cacciator cortese che, come dice la canzone, alla fine, dando sfogo al suo istinto di predatore: «Pum sparò e l'ammazzò...».

Tutte le donne che aprono le porte ai propri assassini, e ce ne sono tantissime, non sono inconsapevolmente innamorate di Cecchino? Ma Cecchino, con il suo fare indolente, la sua bella faccia abbronzata, il suo affascinante ciuffo biondo, spesso non capisce quell'amore che lo inquieta e lo infastidisce, fino al punto, qualche volta, di brandire la carabina.

Ci mettiamo in cerca di una casa. L'università ne ha giusto una disponibile, nella fila di costruzioni per insegnanti.

Il Prof. Kodama ci conduce a conoscere i futuri nostri vicini – Hecker e Lane. Sarà la nostra casa per forse 2 anni. Voglio assolutamente che sia pronta e pulita per Natale. Un vai vieni di elettricisti, vetrai, tubai, stufai, ecc.

Qui mia madre si è rimboccate le maniche, proprio come ha fatto due secoli prima la sua ava Marianna (anche mia madre si chiama Marianna di secondo nome) per supplire all'inerzia o all'assenza del marito e costruire una casa per sé e per i figli. Quando ho raccontato di Marianna nel romanzo siciliano pensavo a mia madre, così fattiva e decisa, abituata a fare tutto da sola, caricandosi anche di pesi non adatti alla sua persona.

Una formichina dal solido pensiero rivolto al futuro, la mia mamma sobria e laboriosa. Per niente simile alla nonna Sonia che era invece una cicala. Aveva anche la voce, instancabile e potente, della cicala. Le piaceva stare sul ramo profumato di un ciliegio a cantare, mentre i frutti si facevano prima bianchi e duri, poi rosei e morbidetti, quindi rossi e lucidi. Ma poi *plaf*, puntualmente finivano nella pancia di qualche uccelletto intraprendente. Ha cantato tutta la vita, la nonna Sonia, non ha messo da parte niente. Quando è morta – con la chiavetta della cassaforte appesa al polso – aveva dato via ogni proprietà in cambio di un vitalizio. Nella cassaforte teneva dei gioielli finti. Per il mio matrimonio con Lucio, che si è svolto a Roma, ha spedito una bellissima scatola in cui era adagiato un collier di brillanti, accompagnandola con una letterina piena di complimenti e alla fine aveva aggiunto "dopo avere fatto bella figura con i futuri suoceri, rimandami il collier perché lo voglio conservare". Io, da nipote scrupolosa, glielo avevo rimandato, attentissima a non perderne neanche una scaglietta preziosa. Per scoprire, dopo la sua morte, che erano brillanti finti. I veri li aveva venduti in una delle sue estati più canterine.

Entriamo nella nuova casa il 22. Hecker [...] manda dolci e bottiglie di roba buona – fiori e mandarini!

[...] I Lane tovaglie, tazzine, vassoietto.

Siamo confusi. Questa gente è così estremamente cordiale ed accogliente che quasi ci sgomenta.

Noi mandiamo vermuth italiano e cestoni di frutta – i giochini per le piccole Lane.

Una buona iniziazione alla "civiltà del dono". Si regala per preparare alleanze, per creare obbligazioni, per festeggiarsi vicendevolmente, per placare ogni aggressività e competizione. Il che sta a dimostrare che il Giappone è un paese fortemente competitivo, fortemente autoritario. Con un amore sviscerato per i doni e le cerimonie celebrative.

Per loro ogni occasione è buona per portare doni. Non soltanto per ricordare la nascita di un profeta, come succede da noi ricordando i re magi che arrivavano da terre lontane con mirra e incenso per il piccolo Cristo, anche se partorito dentro una stalla. I giapponesi recano offerte in ogni occasione sociale: una cena, una gita, l'incontro con un professore di scuola, l'inizio di una collaborazione di lavoro, il benvenuto ad uno straniero e così via. Nel linguaggio dei doni, il regalo significa che si vuole acquietare, rabbonire, sedare un dio corrucciato che potrebbe annichilirci. Anche gli antichi facevano lo stesso. Ma le loro offerte agli dei dovevano essere accompagnate da sangue innocente. Poi, col tempo, i sacrifici si sono fatti meno cruenti, sono diventati del tutto simbolici. Resta l'intenzione recondita di placare l'ira di divinità lontane, capricciose e imprevedibili che potrebbero scatenarsi contro di noi.

La cerimonia potente, però, ormai si è ridotta a

uno scambio vago e poetico di gingilli, oggettini senza valore, piccole scatole levigate di dolci di riso. Non a caso l'arte della confezione è in Giappone molto raffinata, direi addirittura sublime. Si rimane stupiti e incantati a guardare le piccole dita di una commessa che piegano la carta in modo che, senza fare pieghe, calzi perfettamente sull'oggetto in questione per consegnarlo, squadrato, spianato, infiocchettato, nelle mani dell'acquirente. E qui, con quel piacere delle connessioni che sono tipiche di chi ama leggere, mi vengono in mente le parole di Pirandello, ne *L'uomo dal fiore in bocca*, quando colui che aspetta il treno coi pacchetti fra le braccia racconta l'abilità di un commesso: "Che mani! Un bel foglio grande di carta doppia, rossa, levigata... ch'è per se stessa un piacere vederla... così liscia che uno ci metterebbe la faccia per sentire la fresca carezza... La stendono sul banco e poi con garbo disinvolto vi collocano su, in mezzo, la stoffa lieve, ben piegata. Levano prima da sotto, col dorso della mano, un lembo; poi, da sopra, vi abbassano l'altro e ci fanno anche, con svelta grazia, una rimboccaturina, come un di più, per amore dell'arte; poi ripiegano da un lato e dall'altro a triangolo e cacciano sotto le due punte; allungano una mano alla scatola dello spago; tirano per farne scorrere quanto basta a legare l'involto, e legano così rapidamente, che lei non ha neanche il tempo d'ammirar la loro bravura che già si vede presentare il pacco col cappio pronto a introdurvi il dito...".

Facciamo un magnifico albero di Natale. Anche l'anno scorso D. ne ebbe fatti due (da me e da nonna Yoi) ma quest'anno è più grande e si entusiasma di più. Solo vorrebbe giocare con tutte le decorazioni e sale su sedie per arrivare a staccarle dall'albero.

Un gesto che mi è caro: montare su una sedia e attaccare le palline d'argento ai rami. L'ho visto fare tante volte a mia madre e l'ho ripetuto io, pur priva di figli, gioendo nel seguire le tracce di un gesto lontano e spensierato. Da allora mi è rimasto il piacere di preparare e smontare l'albero di Natale. A casa mia in montagna, nel parco degli Abruzzi, ogni anno compro un alberello natalizio, «ma lo voglio con le radici» insisto, e quasi sempre porto a casa un piccolo abete, con il fondo ben avvolto nella tela, che poi, a fine feste, pianto nel mio giardino. Quasi tutti gli abeti hanno attecchito ed è un piacere per me osservare come crescono, come si riempiono di gemme durante i mesi estivi. Alcuni sono morti, ma certamente perché le radici erano state tagliate troppo brutalmente.

Mi piace che l'albero sia monocromo. Lo riempio di leggerissime palle d'argento, lo rallegro con festoni iridescenti. Sulla cima ci appunto una stella cometa. Non ho bambini per casa che possano gustare l'addobbo ma ho molti amici che mi raggiungono per le feste. Amici con cui conversiamo, cuciniamo, leggiamo a voce alta, balliamo, passeggiamo per i boschi. La notte della vigilia preparo la pesca. E passo ore a impacchettare regali di tutti i generi: molti libri, e poi pantofole (in casa mia si sta in pantofole per evitare il fango e le impronte delle suole a carro armato necessarie per le passeggiate), coperte colorate, miele buonissimo, di acacia, di eucalipto, di castagna, di timo... Non sono brava come le commesse giapponesi, ma i miei pacchetti hanno una certa eleganza di cui mi vanto. La civiltà del dono continua a produrre i suoi effetti. Ma quale dio corrucciato voglio placare?

Era una casa di legno quella di Sapporo, dal leggero sentore di pino. In mezzo ad un minuscolo giardino dove d'estate crescevano i sambuchi dai fiori bianchi che si trasformavano verso settembre in grappoli di frutti di un nero violetto... In questa casa prendono corpo con una certa regolarità i miei ricordi. Ho quasi tre anni e le prime grandi emozioni mi vengono dalla neve. Falde che cadono lente già a ottobre e continueranno a cadere fino a maggio, creando voragini di silenzio. Il silenzio smorzato degli alberi, il silenzio ovattato delle strade, rotto solo a momenti dal tonfo sordo della neve accumulata lungo i tetti che precipita sui marciapiedi. Dormivo raggomitolata nel mio letto, dentro una stanza di legno che odorava di fumo e di soia, le mie orecchie ascoltavano i lievi rumori della notte che non sembrava passare mai.

Facevo le prime confuse riflessioni sull'eternità che avrei continuato in seguito: secondo la mia logica infantile sarebbe stata una giornata lunga senza io, un tempo sereno e disteso, assolutamente indifferente ai piccoli precipizi mentali della mia testa. Un tempo fuori e senza il mio corpo, molto difficile da immaginare. L'eternità era la morte? Eppure le bambine giapponesi recitavano a memoria le regole della reincarnazione: si rinasceva sempre dopo la morte, anche dieci, venti volte, secondo i meriti e le passioni. Mio padre non ci credeva e neanche mia madre. Quanto era affidabile il pensiero seducente della rinascita ripetuta?

Mi addormentavo sul fare dell'alba e mi svegliavo qualche ora dopo, assonnata. Dai profumi del caffè e del porridge che salivano dalla cucina capivo che mia madre era già in piedi. L'abitudine al porridge veniva dalla nonna Yoi che aveva portato a Firenze la consuetudine britannica dell'avena bollita. La pappa calda, scagliosa, molliccia e insapore, veniva coperta di latte freddo e zucchero. Ero talmente abituata a quel sapore che una mattina senza porridge mi sarebbe sembrata una mattina senza risveglio. C'è voluto il campo di concentramento per togliermi questa deliziosa consuetudine anglofiorentina.

La nonna Yoi, che pena non averla potuta conoscere meglio! La grande viaggiatrice che si ispirava al Ruskin di *The stones of Venice* e di *The seven lamps of architecture*, si contornava di preziosi oggetti e stoffe orientali. Pare che Ruskin fosse un uomo difficile, rancoroso e avaro di sé nella vita di tutti i giorni, diviso fra periodi di esaltazione e periodi di depressione delirante. Nell'inverno del 2000 ho visto a Londra uno spettacolo molto provocatorio in cui si rappresentava la vita di Ruskin, l'idolo europeo della prima metà del Novecento, amatissimo in tutto il mondo per i suoi studi sull'architettura e la pittura, per il suo modo di intendere i rapporti fra l'arte e la società che la esprime, per le sue invettive contro il mercantilismo, la passione per il gotico e per la bella scrittura ardita ed elegante.

Questo dotto e intelligentissimo gran signore londinese sembra fosse sarcastico e crudele con la moglie Eufemia Gray, detta Effie, tanto da spingerla rabbiosamente fra le braccia del suo migliore allievo, John Everett Millais. Diviso fra una omosessualità non dichiarata, l'amore ossessivo e morboso per una madre tirannica e la voglia di "normalità" che lo rendeva pazzo e feroce, Ruskin si dedicava sempre di più alle pietre e alla devozione per il magnifico pittore Turner.

La mia adorabile nonna Yoi, che non avrò la fortuna di frequentare perché quando sono partita dall'Italia avevo due anni e quando sono tornata lei se n'era andata... Una donna di cui si favoleggiavano cose straordinarie in famiglia, anche se vagamente inquietanti. Era vero che aveva lasciato un marito e due figli per andarsene in viaggio sola nei primi del Novecento? era vero che si era invaghita di un poeta persiano e l'aveva seguito fino a Bagdad? era vero che da Bagdad era ripartita sola ed era approdata a Firenze dove si era innamorata di uno scultore, mio nonno Antonio, di dieci anni più giovane, andando a vivere con lui in una ex casa colonica al Poggio Imperiale? era vero che i figli del primo matrimonio continuavano ad amarla e ogni tanto venivano a trovarla dalla fredda Inghilterra?

Di lei ho conosciuto prima la fotografia che stava nel salotto a Torre di Sopra, che la raffigurava coperta di rughe, i capelli a ciambellone attorno all'ovale ancora perfetto. Molti anni dopo la sua morte, non so come, è comparso in casa di mia sorella Yuki uno straordinario ritratto a olio di lei giovane, chiusa come una tuberosa dentro un vestito di trine chiare, delicata ed elegante. Le esili braccia snodate, il collo lunghissimo, gli occhi tagliati a mandorla che ha ereditato mio padre, nonostante le fantasie maliziose sulla plica mongolica del nonno Antonio, la bocca carnosa e sensuale.

Scriveva romanzi la nonna Yoi, con uno stile soave e aspro. Le sue descrizioni di viaggio prendevano le mosse dai grandi libri dei viaggiatori del Settecento. Ma certamente non poteva non avere letto e amato Flaubert, Lamartine, Merimée, e Madame de Sévigné, da cui aveva attinto ironia, distacco e un modo gentile e ardito di osservare il mondo. Aveva una visione laica ed estetizzante dei suoi contemporanei. Una sensibilità poetica, dolorosa e floreale quando descriveva la natura. Prestava una attenzione materna e solidale ai poveri, agli esclusi, era colta e sorridente. Amava circondarsi di cuscini e tende di stoffa indiana, di bracciali e collane barbariche, di raffinati oggetti cinesi. Di lei conservo ancora un completo da toilette in tartaruga con il suo nome scritto in oro. Una spazzola, una scatola rettangolare, un portacipria, uno specchio incorniciato, un pettine, una piccola sveglia. Era contemporanea di Virginia Woolf e in qualche modo ne condivideva gli ideali: difendeva con le unghie e coi denti la sua libertà di donna emancipata, guardava con una certa alterigia al mondo degli scalmanati che pretendevano di dimostrare la superiorità di una razza sulle altre, era amica di Berenson, amava le porcellane Ming e le musiche di Debussy, i quadri di Kandinskij, e certamente sentiva molte affinità col suo contemporaneo più sensibile e bizzarro, quell'uomo dalla memoria fluviale che era Marcel Proust.

Sembra che mio padre, nel giorno della morte di sua madre, che è avvenuta durante la guerra, mentre eravamo chiusi in campo di concentramento e non avevamo più notizie dall'Italia da un anno, abbia sentito una misteriosa trafittura che l'ha lasciato senza fiato e con una gran voglia di piangere. Solo dopo quasi due anni, tornando a Firenze, ha ricostruito che era accaduto proprio il giorno della scomparsa di sua madre. Sembra che la nonna fosse in giardino, così per lo meno raccontava il nonno. Era pomeriggio e lui si era sentito chiamare «Antonio! Antonio!». Era accorso e l'aveva trovata per terra, esanime.

Mi auguro di morire anch'io così, all'aria aperta. Detesto gli ospedali, i letti, i tubi di ossigeno, quell'odore di disinfettante che impregna di sé ogni oggetto.

Nonno Antonio invece è morto nel suo letto, a Torre di Sopra, e pare che gridasse alla vecchia cuoca Ada che l'aveva accudito per anni: «Basta, non sopporto più questo dolore, fammi morire!» tale era lo spasimo del cuore che si era spezzato in due. Strano: proprio quel cuore che aveva voluto risparmiare tenendolo per anni in uno stato di paralisi conservativa, si è rotto prima di ogni altro organo, con un fragore di ordigno che esplode.

Ricordo il suo corpo morto esposto nello studio di scultore dalle grandi finestre luminose. Era stato steso su un tavolo coperto da un drappo giallo. Il medico mi chiese di uscire perché doveva «fare una iniezione». «Che iniezione, se è morto?» insistevo curiosa. E lui paziente mi ha allora spiegato che il nonno aveva lasciato scritto nel testamento che voleva una iniezione di veleno nella vena femorale per essere sicuro di non ridestarsi dopo morto nella bara, perché questo lo terrorizzava più di ogni cosa al mondo.

Mi sono venuti in mente alcuni racconti fatti la sera dopo cena, nella loggia sempre profumata, sotto il bassorilievo liberty della bella nonna Yoi: si narrava di persone credute morte che poi si svegliavano una volta sepolte e bussavano invano al coperchio della bara. In seguito qualcuno apriva quel coperchio, ma era troppo tardi: il morto veniva trovato con le tracce dei denti sulle mani. Per evitare questo, mio nonno si era fatto iniettare una dose potentissima di veleno. Io invece ho già scritto nel testamento che desidero essere cremata. Ho in comune col nonno Antonio una ripugnanza inguaribile verso tutto ciò che è chiuso. Non vado volentieri nelle grotte. Mai e poi mai avrei potuto fare la speleologa o la minatrice. Ma esistono le minatrici? o appartengono solo ai minatori quelle facce che a volte si trovano stampate sui giornali, annerite dal carbone, un casco sgangherato in testa, l'elastico che stringe sotto la gola, gli occhi luccicanti nel buio? Una scarna didascalia racconta come sono morti asfissiati.

Papà le ha regalato una bambola giapponese.

D. in queste foto è bruttina, ma la bambola pure, io trovo!, scrive mia madre con una ironia insolita.

Il mio giovane padre etnologo voleva che mi abituassi ai miti e ai sogni di una cultura diversa dalla nostra. Senza sapere che l'iniziazione era già avvenuta per bocca della mia ineffabile e vulcanica balia Moriokasan che per farmi addormentare raccontava favole spaventevoli di fantasmi crudeli e orripilanti abitatori di foreste sconosciute. Le novelle giapponesi per bambini sono anche più efferate delle nostre. E non c'è bisogno di scomodare Bettelheim per immaginare che hanno una funzione rivelatrice del «piccolo mostro che è in ognuno di noi».

La fiaba che mi raccontava mio padre, e vedo ancora il gesto che fa di scostare la sciarpa dal volto misterioso, si chiama *L'uomo senza faccia*. Narra di un pastore che andava in giro con le sue pecore. Un giorno, anzi una sera quando le ombre si sono ormai fatte lunghe, vede venirgli incontro per il bosco un uomo ben vestito, col cappello in testa. Pensa che sia un viandante che ha perso la strada e lo aspetta ben disposto a fare una chiacchierata con lui; da giorni non incontra un'anima viva. Quando l'uomo è a portata di voce, però si accorge che c'è qualcosa che non va. Il giovane corpo si avvicina sempre di più, la sua faccia è vuota, senza naso né occhi. L'uomo è orribilmente privo di tratti riconoscibili e cammina nel vuoto, con sicurezza infida, sospeso fra terra e cielo.

Il pastore capisce che si tratta di un fantasma e comincia a correre verso la strada, terrorizzato. Ogni tanto si volta indietro per vedere se l'uomo senza faccia lo segua. E in effetti lo vede venire velocemente nella sua direzione, come se volesse dirgli qualcosa. Ma cosa, se non ha neanche la bocca? Il pastore si precipita fuori dal bosco, arriva sulla strada e scorge un carro che sta andando verso il paese. Lo rincorre sgambandosi a più non posso. Finalmente lo raggiunge, fa cenno al guidatore di fermarsi. Quello tira le redini giusto in tempo perché il giovane salga sul carro e riprende il suo cammino. Il pastore, senza fiato, si siede accanto al guidatore e prende a raccontare del suo incontro: «U... u... u... un uooooomo» dice balbettando «un... un... un... un... uooooomo senza faccia». Al che l'altro si volta e scostando la sciarpa che tiene davanti al viso dice «Come me?».

Ancora oggi posso riconoscere il gelo che mi prendeva alla radice dei capelli quando mio padre faceva quel gesto fatale di svelarsi al pastore che si credeva ormai al sicuro. Un gran raccontatore, quando ne aveva voglia, col senso della suspense il mio amato padre paterno.

In quante storie di fantasmi, di vampiri, si segue lo stesso procedimento: il giovane protagonista è sfuggito ad un gruppo di vampiri che volevano azzannarlo e ora si crede al riparo fra le braccia fiduciose di una madre o di una moglie, ma guardandola meglio si accorge che nel sorriso di lei, tenerissimo, c'è una luce di avidità e che fra le labbra le sbucano, involontari, due piccoli e scintillanti canini!

Quando papà o mamà aiutano D. sugli sci, lei si lagna come per scusarsi dicendo «papà, io non so ancora, debbo imparare».

In fondo è troppo piccola. Arriva a fare solo qualche passo in pianura. Non insistiamo. Adora invece essere trascinata in slittino. È più comodo!

[...]

Ogni giorno la porto a passeggio dalle 11 alle 12.30. 15 o 20 sotto zero!

Papà insiste a volerle insegnare a camminare con gli sci, ma D. non è molto convinta che sia possibile. Dice «non so, papà scivolo! ancora sono piccola!» e poi ogni tanto quando non è qui «mamà, ora sono grande, è vero? voglio mettere gli sci».

Questo degli sci è sempre stato un calvario. Mio padre non mi ha mai fatto prendere lezioni. Mi ha assicurato gli sci ai piedi e mi ha detto: vai! Ho imparato così approssimativamente a tenermi in piedi e ad andare dritto. Solo più di trenta anni dopo ho preso l'iniziativa di pagarmi un maestro e apprendere a scendere a zigzag, affrontando qualche curva veloce senza cadere.

Ora, dopo essermi rotta il femore investita da un'auto mentre andavo in bicicletta, non posso più permettermi di cadere e faccio solo sci di fondo. Non so rinunciare all'odore della neve. Qualcuno dirà che la neve non ha odore, ma sbaglia perché il movimento degli sci sulla farina morbida, la frizione procurata dai bastoncini che affondano in quella polvere gelata, provocano piccole onde di una fragranza che tocca discretamente le narici. E che dire del lieve e grazioso rumore di crosta spezzata che emette la neve calpestata?

Se oggi alzando gli occhi dallo schermo del computer per portarli sulla finestra che mi sta davanti nella mia casa di Pescasseroli, vedo cadere le piccole falde zuccherine sui ricci verdi dei faggi, mi sento saziata di una quieta gioia di esistere.

Vuole sempre mangiare la neve e papà si arrabbia, continua mia madre.

Eppure la neve non ha un buon sapore, sa di acqua senza sale, sciapa e fredda. Ma è la consistenza granulosa che attira: come prendere in mano una palla di granita e rosicchiarla. Nei momenti di grazia in cui, scaldata da un sole discreto mi porto alla bocca il freddo boccone granuloso, chissà perché penso al titolo di un libro, *Mangiare Dio*, di Jan Kott. Un titolo che ha il potere di affascinare ogni ospite che viene a casa mia. Quando gli occhi si posano sul libro, le mani si allungano per portarselo sotto il naso e leggerlo avidamente. Ma si può mangiare Dio?

Comincio a parlare un po' d'inglese con D. che va imparando...

Le ho comprato il suo primo libro di Nursery Rhymes e glielo leggo traducendolo.

Impara subito "Jack Horne", sat in a corner, eating his Christmas pie, he put in his thumb, and pull out a plum and said what a good boy am I! e D. ripete «vat a gubblemai»! e dopo «Diccori diccori dock» e qualche parola qua e là. Comincia a capire «shut the door», «some water please», «come here» etc. A parlare tutto il tempo in inglese l'imparerebbe subito.

Ma io non volevo parlare l'inglese, bensì il giapponese, che era la lingua dei negozianti, dei bambini di strada, dei conduttori di autobus, delle tate e delle insegnanti. Non me ne importava niente dell'Italia che mi sembrava un paese lontano e incomprensibile. Volevo essere come tutti gli altri, una giapponese a tutti gli effetti. Per questo indossavo volentieri il chimono e avevo anche imparato a stare seduta per ore sulle gambe ripiegate, cosa che oggi non so più fare. Mi piccavo di parlare il dialetto e di inventare giochi di parole con i bambini scatenati che correvano per le strade di Sapporo.

D. occupa tutto il mio tempo poiché non mi vuole lasciare un minuto (mi segue anche al gabinetto!) e non si addormenta se non con me. A momenti mi avvilisco, ma spero di farle cambiare abitudini. Adesso è ancora nervosa del movimentato viaggio interminabile.

Questa dipendenza corporea mi intenerisce. Mi fa pensare a quelle immagini che vediamo sullo schermo quando ci raccontano storie di scimmie che corrono fra i rami delle foreste africane: la madre agile che si aggrappa alle fronde con la coda ritta, portandosi dietro, avvinghiata al dorso, una scimmietta dal pelo nuovo e lanuginoso. C'è una fisicità nel rapporto madre-figlia che nulla al mondo potrà modificare e lega i due corpi, quello più piccolo a quello più grande, in un abbraccio naturale, anche quando sono lontani e non si vedono, e ripete simbolicamente il primo tepore di una abitazione buia, primordiale.

Il corpo che si presenta all'immaginazione confusa di un bambino quando nasce, è quello della madre. Una montagna misteriosa, che lo sovrasta e lo acquieta, lo nutre e gli incute anche paura. L'ebbrezza di quel latte che scende in gola, attraverso il tepore di un capezzolo, che è cuscino e tazza nello stesso tempo... come sostituirlo?

She loves to play with the snow e vuole «aiutare papà a spalare la neve». Giocavo a fare la grande, ma ero memore del soggiorno nelle acque protettive di mia madre. Ogni tanto ancora mi capita di fare un sogno che si ripete con puntualità quando sono stanca o angosciata. Mi trovo immersa in un lago, di notte. L'acqua è tiepida e leggera. E io mi sento quieta. Una fila di luci arancione fa da corona al lago e mi dà la sicurezza della costa che potrei raggiungere in qualsiasi momento. Ma non nuoto. Me ne sto immersa in quelle acque tiepide con un senso di benessere che mi appaga. Poso gli occhi su quelle luci rassicuranti che si riflettono sulle acque scure del lago. E penso che finirò per mettermi a nuotare e raggiungerò la riva. Ma intanto sto bene così: mi godo il bagno quieto, silenzioso, dentro il ventre tiepido della terra.

È un sogno di pace ridente. Da cui esco rinvigorita. Per tanti anni mi sono chiesta cosa significasse. Finché mi sono detta che certamente si tratta di una nostalgia inconsapevole e struggente per il ventre materno. Un po' tardiva, a sessant'anni, ma l'immaginazione segue strade proprie non sempre riconoscibili con la logica della cronologia.

D. va a scuola! I primi giorni la porto io perché ha un po' di paura «delle monachine col cappello», ma poi le piace sempre più e impara favolette, parole di giapponese.

[...]

Nel pomeriggio dorme. Per addormentarsi vuole ancora il ciucciotto, una vergogna! Ma non vedo perché non consentire questo vizietto che forse le impedisce di prenderne altri. In ogni modo a poco a poco cerco di toglierlo.

[...] Ogni giorno si porta la colazione (sandwich di uovo duro, pomodori, formaggio e frutta). A scuola le danno una tazza di latte. Ma alle 2 quando torna ha sempre fame e Saka-san le dà quel che capita. Io protesto, ma niente da fare! Così ogni tanto una leggera indigestione e milk of magnesia la sera – è miracoloso. L'indomani si sveglia con lingua pulita e di buon umore.

Anche allora soffrivo di torcibudello, come diceva mia sorella Yuki: «Stamattina hai il torcibudello?». Sono sempre stata cagionevole di stomaco. O meglio posseggo quello che i dottori chiamano un «colon irritabile». Che d'altronde ho costantemente cercato di ignorare mangiando di tutto. E l'ho quasi abituato il mio povero colon dalle anse troppo lunghe, a vedersi arrivare ogni genere di cibo, piccante, grasso, sconosciuto e speziato. Ogni tanto però si stufa e si ribella, si impunta, si annoda, e mi procura dei dolori atroci. Per calmare gli spasimi del nervoso e impaziente colon devo subito stendermi sul letto con la borsa dell'acqua calda e respirare a fondo. Poi mettermi per qualche giorno a dieta di riso bollito e spremute tiepide di limone.

Quando il tempo è bello, la domenica papà mamà e D. escono insieme. Il 14 – Maggio – la festa del Cherry blossom a Moroyama. Prima andiamo a vedere la gente sui prati, sotto gli alberi, a centinaia che mangiano dormono. [...] D. è felice di vedere tutto – compra dei dolci, una girandola – poi lasciamo la folla per mangiare su un poggetto. Mamà è enorme e un po' stanca. D. adora i "sanduicci".

Mia madre era incinta di Yuki. Ma ancora ci accompagnava nelle gite e nei picnic. Gonfia e un po' stanca, ma indomita. Pronta a prendermi in braccio se non ce la facevo a tenere il ritmo delle marce paterne. «Papà, ma quando arriviamo?» «Fra cinque minuti.» Ma quei cinque minuti, per esperienza, potevano diventare venti e poi venti e poi ancora venti, giornate intere a camminare aspettando di arrivare.

Le mie sorelle hanno preso da lui la capacità di dilatare il tempo a dismisura. Io no. Sono puntuale come un soldatino. E spesso rimango lì impalata ad aspettare. Margarethe von Trotta, con cui ho scritto due sceneggiature, mi diceva: «Sei tu la teutonica, non io». E me lo diceva sbuffandomi in faccia il fumo di una pestilenziale sigaretta, sapendo bene che avrei cominciato a starnutire e tossire. Sorrideva amichevole sedendosi sul davanzale del mio studio. «Ora ti prometto, terrò la sigaretta fuori dalla finestra.» Per fortuna eravamo al principio di giugno. In realtà quel fumo ostentato era il suo modo di protestare contro i miei orari drastici, le mie pretese di cominciare a lavorare la mattina alle nove per terminare la sera alle otto.

Mio padre arrivava sempre in ritardo alle stazioni. «Papà hanno fischiato, il treno sta per partire.» E lui spiccava la corsa, con il mio polso stretto fra le dita. Ad un certo punto non ce la facevo a reggere il suo ritmo, cadevo sulle ginocchia, ma lui non si fermava, procedeva quasi sollevandomi di peso da terra, trascinandomi, finché non aveva raggiunto il vagone e non aveva messo il piede al sicuro sul predellino. Tenendosi con una mano, stretta intorno alle sbarre, mi tirava su mentre il treno già correva verso la prossima stazione.

Alla prima fermata si alzava inquieto: «Vado a prendere qualcosa da bere». «Ma papà, se poi il treno parte mentre non ci sei?» «Stai tranquilla. Vado e torno.» E spariva. Mi affacciavo al finestrino col cuore che trottolava in preda alla preoccupazione. Lo vedevo scendere con un salto e infilarsi nella stazione dalle grandi porte di vetro.

Passavano i minuti. Il capotreno fischiava. Il treno ripartiva e io sentivo le lagrime scivolarmi giù per le gote. Avevo perso mio padre. Come lo avrei ritrovato che non sapevo nemmeno dove dovevamo scendere? Ma di lì a cinque minuti lo vedevo spuntare con un sorriso smagliante dal fondo del vagone, reggendo una bottiglietta di gazzosa: «Eccomi qui, Daciuzza, hai avuto paura?».

Come siamo incredibilmente fedeli a noi stessi pur cambiando tanto da non riconoscerci! *D. adora i "sanduicci"*, scriveva mia madre. Ancora oggi "adoro i sandwich" e i picnic. Tante volte, con gli amici che riempiono sempre la mia casa di montagna, ci carichiamo di panini con il formaggio e il pomodoro e ci arrampichiamo su per i sentieri sassosi del monte Marsicano per fermarci poi sotto un acero o un nocciolo, vicino ad un torrente semisecco che manda un leggero odore di foglie macerate, a consumare il nostro picnic.

Mi piace perfino la preparazione della colazione al sacco: tagliare il pane a fette, ma che non siano troppo spesse perché sarebbe difficile addentarle, né troppo sottili perché si spezzerebbero. Spargerle di un velo di olio, stendere sopra il formaggio, aggiungere una rondella appena visibile di pomodoro, chiudere il tutto con un'altra fetta di pane, avvolgere il sandwich in un tovagliolo di carta. Quando ne hai una montagnola di questi fagottelli bianchi, li accatasti dentro una busta grande, poi li cacci in uno zaino capiente dove dovranno stare stipati assieme ad un termos con il tè freddo, una manciata di prugne mature ben lavate e delle carote o dei cetrioli tagliati a listerelle, già conditi con un poco di sale. Qualcun altro porterà una o due bottiglie d'acqua, possibilmente non in recipienti di plastica, ma questo è difficile da ottenere perché il vetro pesa molto di più.

C'è poi la camminata lungo i sentieri rocciosi in salita, a passo lento, tenendo nel pugno destro un bastone raccolto per strada. Quindi l'esplorazione della zona e la ricerca del posto dove fermarsi, che deve essere in piano, anche se in cima ad una roccia ripida, deve avere nelle vicinanze un poco d'acqua corrente in cui tenere al fresco i beveraggi, deve trovarsi all'ombra di un albero fronzuto, lontano dagli escrementi delle vacche che portano mosche e tafani, deve essere ricoperto di erba pulita, senza troppi cardi che pungono e graffiano. Non è facile rintracciare un posto simile, soprattutto sulle selvatiche montagne abruzzesi che sono disseminate di vacche e di pecore che pascolano libere lasciando i loro segni dappertutto. E quindi ci tocca camminare a lungo prima di fermarci.

Per fortuna le vacche e i loro escrementi non puzzano. Sono animali erbivori. Ma portano insetti di ogni specie. A volte una cacata secca sembra, a guardarla da vicino, un alveare, cosparso di buchi e buchetti in cui si nascondono le larve e le uova di tante specie di insetti. Quelle mucche dalle corna lunate, la pelle bianca, il muso largo nero e umido, che si muovono con tanta lenta destrezza fra gli alberi e le pietre, fanno pensare al paradiso perduto.

Sono le creature più miti e gentili che si possano conoscere sulla terra. Non chiedono niente, se non di esistere. Mangiano l'erba, non sono capaci di fare male ad una mosca nonostante la loro potenza e guardano il mondo con occhi quieti e solo appena sorpresi. Capisco che gli indiani le considerino abitate da una forza divina, purissime, sacre al cielo e le lascino circolare libere per le città. Anche quando sono sudate o sporche hanno un buon odore di erba e di colline. Proprio su questi animali mitissimi e celesti hanno infuriato gli speculatori, cercando di trasformarli da erbivori in carnivori, storpiandone la natura e procurando loro una malattia terribile. Scoperta la quale, hanno proceduto, con la stessa brutalità, allo sterminio. Milioni e milioni di creature lunate sono state abbattute nell'indifferenza generale. Possibile che il dolore animale sia così poco visibile, così poco comunicabile?

La domenica e le feste adesso papà e D. escono soli o con amici giapponesi. Quando D. è stanca, papà la porta sul collo. La sera Dacina torna con gotine rosse rosse, occhi vivi e lucidissimi.

La mia adorabile madre evita di spiegare che non veniva con noi perché era troppo appesantita dalla gravidanza. E non avrebbe potuto muoversi agilmente lungo i sassi dei fiumi, scavandosi il passaggio in mezzo ai rovi.

Che sia quello il momento in cui è nato in me bambina un amore sconsiderato per il padre giovane e seducente che avevo vicino? Non ho una precisa cognizione della nascita di questo trasporto straziante che ha riempito di sé la mia piccola vita di babbea. Eppure per istinto mi sentivo più vicina a mia madre. Ma mentre lei era la roccia a cui mi aggrappavo per non cadere dalla montagna, mio padre mi rapiva con le sue assenze e il suo affetto fluttuante. Partiva per i suoi viaggi lontani da solo, con la fedele Leica di metallo pesante e tornava carico di fotografie di paesi magnifici e irraggiungibili. Gli odori soprattutto che si portava dietro erano sconosciuti e difficilmente decifrabili, di stanze segrete e profumate, di arie leggere e lontane, di terre dalle erbe mai viste, di notti dalle stelle mai guardate.

D. cresce e ogni giorno quasi ha un'espressione nuova. Spesso un faccino serio serio pieno di personalità. Ha un carattere forte – è testarda e insistente – ma cede il più delle volte dopo lungo ragionamento.

Era l'apprendistato alla logica. Che non sempre è dalla nostra parte. A che età si impara che la razionalizzazione dei propri interessi è pericolosa per il nostro sentimento della verità? Il ragionamento era la rete aerea che finiva per avvolgere e fermare i miei pensieri volanti. A lungo andare aveva sempre la meglio sulla mia cocciutaggine. Il ragionamento che esclude i propri interessi, il ragionamento fine a se stesso, il ragionamento che scopre quelle pietre salde che fermano lo scorrere delle nostre sfide più audaci. Apprendere a usare la logica come una limpida matematica del pensiero credo sia stata la cosa più dura da imparare. L'istinto conduce sempre a piegare il senno in nostro favore: una cosa ci piace, ci fa comodo e quindi è giusta. Razionalizzare i propri interessi: una pratica diffusissima soprattutto fra gli imbonitori e perciò tanto diseducativa. Priva di ogni fiducia nella logica come strumento oggettivo di comprensione della realtà e pronta a urlare per imporre la propria verità contro quella degli altri, la politica del "pro domo sua" finisce per pestare mille volte sotto le scarpe la gioia pura e disinteressata del ragionamento.

13 Aprile 1939.

Ritratto di mamà.

D. gioca con le carte a colori e adora scribacchiare. Adesso vuole fare delle persone e si arrabbia di non riuscirci. Ma questo è un bel disegno!, scrive sfacciatamente mia madre incollando sulla pagina uno sgorbio. Pure 'o scarrafone è bello a mamma sua, dicono a Napoli.

Nonostante gli insegnamenti di una fata dalle orecchie aguzze e il naso a punta, non sono mai riuscita ad accostare con armonia i colori sulla carta. La fata era Adriana Pincherle, mia insegnante di disegno a Firenze al collegio della Santissima Annunziata e sorella di Alberto Moravia. Sembrava davvero uscire da un racconto di gnomi e di boschi incantati quando arrivava trafelata, con le gonne ciondolanti sulle gambe lunghe, la cartellina sotto il braccio, i capelli ricci che le incorniciavano la faccia lunga e aguzza, sempre sorpresa. Fra le tante insegnanti rotondette e prevedibili, fra le tante teste giudiziose e prive di immaginazione, lei spiccava come una stella di ingenuità e candore. La pazienza si dipanava come un filo segreto e quieto che scorreva dalle mani goffe delle alunne alle sue che erano lunghe e leggere. Era abitata da una sapienza timida e occhiuta. Riusciva a ridere con le allieve e a colmarle di attenzioni. Tutte erano un poco innamorate della fata Adriana. E lei rispondeva a questi entusiasmi con dei piccoli smarriti sorrisi di contentezza.

Il 10 luglio 1939
alle ore 10.10 A.M. è nata Luisa Yukiko
peso kg 3.200
lunghezza cm 53
brutta –
capelli: biondo scuro
occhi: lunghi stretti scuri (grigio?)
naso: enorme
bocca: enorme
colore pelle: macchiato
piccolo segno arrossato sotto sopracciglio destro
papà e mamà disillusi perché non era maschio.

Questo ritratto crudo di mia sorella potrebbe simbolicamente stare all'origine di tutte le sue disgrazie. La disillusione di mamà e papà, ma soprattutto di papà che voleva un maschio, ha stampato un'ombra sulla sua piccola vita di bambina. Nonostante l'amore di cui è poi stata colmata, è come se quella prima delusione l'abbia fatta sentire un'ospite un poco precaria nella casa della vita.

L'indomani mamà sta bene. Yuki ha poppato bene. D. l'ha vista e ne è entusiasta. Vuole prenderla in braccio – vuole portarle delle caramelle e vuole portarla a casa sua!

Felicitiamo la nascita di signorina vostra figlia! Vostri Masayosi Oeda e Hiroyuki Miyasawa.

Fiocchi e fiocchetti di carta. Le dita si mettono in moto con una strepitosa abilità e compongono beneauguranti nodi di benvenuto. Una bambina viene al mondo. Ma dov'era prima? Sapevo che era stata nella pancia della mamma. Lì dormiva e beveva come i pesci. Ma prima, prima di rifugiarsi in quella casa di carne dov'era? C'era un posto dove i bambini si riposavano aspettando di nascere? Forse queste domande me le sono fatte qualche anno dopo ma certo hanno una radice antica. Ne rammento il sapore, che faceva pensare al riso freddo e all'agro dei zukemono, le verdure piccanti sotto sale.

Le domande sulla nascita andavano spesso in coppia come le ciliegie con quelle sulla morte: c'era un posto preciso dove andavano i morti? e dov'era? e da lì potevano qualche volta affacciarsi sulla terra a salutare i rimasti o era loro proibito? potevano tornare nel mondo sotto un altro aspetto come dicevano i giapponesi o erano forzati a rimanere chiusi in paradiso per sempre? E com'era questo paradiso? un giardino dal profumo di gardenia, dove le piante avevano rami carichi di frutti dolcissimi e i fiumi erano di latte e di cioccolato? Oppure era un deserto accecante, dove non crescevano alberi e i poveri morti giravano con la lingua di fuori per il caldo e la notte si infilavano dentro buchi scavati nella sabbia?

Anche nelle fotografie mia sorella Yuki sorride poco. Possibile che nei suoi occhi crescesse il dolore come un arbusto insinuante e silenzioso? Può la disillusione dei genitori creare una tale pena in una bimba incosciente e appena uscita dal buio di una pancia sollecita e amica? Difficile dirlo. Fatto sta che Yuki ha sempre sofferto di una sottile e incomprensibile inimicizia verso se stessa. Ha preso tutte le malattie. Si è fatta male varie volte in modo drammatico. Si è trovata addosso una malattia ambigua e misteriosa che piano piano le ha storpiato le dita, le ha spento la voce in gola – aveva una voce bellissima, fluida e dolce che forse aveva ereditato da nonna Sonia – e l'ha portata precocemente alla morte. Se n'è andata in punta di piedi, per non disturbare, schiacciata dal peso della sua segreta scontentezza, ingessata da un patimento che le si è calcificato dentro le ossa. La sua scomparsa è una ferita che non si rimargina. Cerco di trattenerla nei miei pensieri, come un fantasma affettuoso, ma lei corre, scappa; dove scappi, dove? I morti tendono a fuggire da noi. Diventano sempre più giovani mentre noi diventiamo sempre più vecchi. Piano piano ci trasformiamo nelle loro madri e poi nelle loro nonne. Ma perché non si voltano mai?

Eppure conservo nella memoria dei ricordi felici e spensierati con mia sorella Yuki. Che, fra formica e cicala, era certamente dalla parte di quest'ultima, sempre a cantare, festosa, sopra un ramo, senza pensare che sarebbe venuto l'inverno e il ramo sarebbe caduto e lei si sarebbe trovata senza casa e senza cibo.

Ciò malgrado, quando nella nostra villetta di Kyoto mangiavamo gli omochi bollenti, i piccoli dolci di pasta di riso, immersi nella soia fredda, lei sembrava felice. E quando nei letti vicini, al buio, ci ripetevamo la spaventevole storia del fantasma senza faccia che piaceva tanto a nostro padre, appariva raggiante e allegra. E quando giocavamo a Impero nel collegio della Santissima Annunziata a Firenze, correndo da una parte all'altra del cortile, chiuse nelle nostre divise grigie a pieghe, dava l'impressione della contentezza di essere al mondo. E quando andavamo a piedi da Bagheria all'Aspra con i costumi da bagno e un panino dentro il "ruc sac" e facevamo a chi si tuffava dalle rocce più alte del monte Zafferano, pareva essere totalmente in armonia col proprio corpo, senza un dubbio, un timore al mondo. E quando l'aspettavo per andare a scuola la mattina a Roma e lei era sempre in ritardo e usciva spesso con un calzino di un colore diverso dall'altro, ridevamo fino a farci venire mal di pancia, non c'erano tracce di paura nei suoi occhi quieti. E quando ormai adulte, e sposate tutte e due, decidevamo di preparare una cena giapponese, andando insieme a comprare il pesce al mercato, e poi arrotolavamo il riso nelle alghe scure insieme con un poco di wasabi piccante e gettavamo l'acqua bollente sul tè verde, c'era una precisione savia ed elegante nei suoi gesti che facevano prevedere una lunga vita gioiosa.

E invece no. In quel delicato corpo biondo, mia sorella Yuki covava un male di vivere che l'avrebbe a lungo andare distrutta. L'intensità del suo dolore la ritrovo in una fotografia di quando aveva sette anni e stavamo per entrare insieme in collegio. Nostra madre ci aveva portate da un fotografo tradizionale di Firenze che firmava con uno svolazzo i ritratti un poco flou, alla moda cinematografica. Io, nella mia foto, tengo la testa piegata e ho un sorriso un poco perso, ma fiducioso, forse anche egoista sulle labbra. Lei invece ha gli occhi irrimediabilmente tristi, come se intuisse un futuro aspro e spinoso. In quello sguardo infantile, angosciato, la cosa più atroce, è la resa: una resa totale e dolcissima ad un avvenire disarmonico.

Questo vecchio Ainu ci fece l'onore di "battezzare" Luisa Yuki secondo il rito Ainu, scrive mia madre che partecipava con qualche perplessità alle grandi manovre di educazione multietnica di suo marito nei riguardi delle figlie piccole.

Yuki così piccola, bianca, pulita, tenera fra quelle braccia pelose e luride... però che simpatico bravo uomo! E tutti gli altri vollero tenerla in braccio e farle a turno il loro "saluto nell'entrata nella vita".

Gli Ainu, che sono stati l'oggetto di studio di mio padre per anni in quel di Sapporo, diversi morfologicamente dai giapponesi perché alti e bianchi di pelle, coi capelli ondulati, pare fossero scesi dal nord in tempi lontanissimi e fossero sopravvissuti in quelle zone ghiacciate cacciando l'orso. Dopo avere trascorso mille anni di difficile convivenza coi nipponici, ora si sono ridotti a poche centinaia di vecchi che non parlano più la propria lingua e si avviano felici e contenti come lo sono le persone in vetrina, sotto il lampo dei fotografi e l'attenzione degli antropologi, verso l'estinzione.

Mio padre era arrivato in tempo, negli anni Quaranta, a conoscere alcuni dei vecchi cacciatori, li aveva fotografati nelle loro capanne, durante i rituali della caccia all'orso, con indosso i loro vestiti dai disegni geometrici bianchi e neri, le facce dipinte di pece e di carminio. Da allora la situazione si è deteriorata al punto che ormai sono diventati delle "citazioni" storiche.

Solo in Africa una volta, con Pasolini e Moravia, ho provato una sensazione simile di fronte ad alcuni Pigmei nudi che sembravano dare uno straziato addio alle loro tradizioni, alla loro terra. Erano creature della foresta, e le foreste stavano, anzi stanno regredendo e i piccoli Pigmei dagli intelligentissimi occhi scintillanti non dispongono più di vaste estensioni per cacciare e anche gli animali sono scomparsi, essendo stati o uccisi o allontanati dall'arrivo delle nuove piantagioni, delle nuove strade, delle nuove coltivazioni intensive. Così ora i Pigmei vengono resi schiavi dai popoli vicini, o finiscono a fare i buffoni per i turisti e gli accattoni.

I visitatori li filmavano, le luci delle telecamere li facevano sudare ma loro sorridevano affabili, anche un poco narcisi, perché da quelle esibizioni, diventate una importante fonte di guadagno, ricavavano dei soldi. Il loro striminzito perizoma, il loro patetico ciuffo di foglie è ormai solo un accessorio teatrale. Hanno perso tutto: la lingua, il sapere antico, la scienza di costruire case, di cacciare, di parlare con gli animali. E si sono ridotti all'accattonaggio felice di chi appunto sta in vetrina e cerca di ricavarne il ricavabile, col degrado morale nel cuore.

Una mimmina disegnata da D. completamente sola. E sotto: *ritratto di Yuki chan perché «chichiai chichiai».*

L'attenzione verso i miei disegni mi sembra francamente eccessiva. Erano disegni bruttissimi, che dimostravano una assoluta mancanza di talento per una qualsivoglia forma di arte grafica o pittorica.

Questo non mi impedisce di essere una attenta frequentatrice di musei e gallerie d'arte. Quello che mi emoziona di più nei quadri è il mistero di una storia appena accennata. I ritratti intensi e segreti di Rembrandt, le rappresentazioni teatrali di Vermeer, i giochi filologici di Magritte, gli spazi misteriosi di De Chirico, i silenzi di Piero della Francesca, le grida rituali di Chagall.

"Quante paia di scarpe ho consumato" andando per musei quando viaggio! Sono le mie mete preferite. Spesso mi ci fermo pure a mangiare. Mi piace quell'aria da scuola di disegno che hanno i ristoranti dei musei, dove le cameriere camminano su scarpine leggere e sembrano essere uscite con un salto dai quadri di Manet, le vetrine sono cariche di torte che fanno pensare alle nature morte di un pittore fiammingo e l'aria è satura di vapori azzurrini.

Mi precipito alle grandi mostre monografiche, anche se c'è da fare una fila di un'ora, come mi è successo a Parigi recentemente con la grande mostra di La Tour, che mi ha innamorata per sempre. Non ne avevo mai visti tanti tutti insieme di quadri di La Tour. Non avevo mai colto l'intensa profondissima essenza teatrale di questo autore lorenese. Tutti interni che si trasformano mano a mano in palpitanti palcoscenici della mente. Proprio come avviene sui palcoscenici, si vedono le luci provenire da fonti precise, riconoscibili e disposte ad arte per ottenere un effetto drammatico. Tante ombre che si allungano con intelligenza cromatica sulle bocche, sui capelli, sulle dita, sui piedi di figure recitanti. Sarà che il teatro è una delle stanze più misteriose e frequentate della mia mente. La Tour ha spalancato le porte di quelle stanze, è entrato di prepotenza, si è seduto su una seggiola di paglia, presa in prestito da un quadro di Van Gogh, ha accavallato una gamba e si è messo a parlare, con voce chioccia, della Francia della sua epoca: «Quelle lagrime, quelle lagrime di san Pietro, non so come le abbia rintracciate... Anche se il mio re, il mio Luigi XIII prima di morire mi ha detto: fai tu, fai, fai... ma non dimenticare il pianto di san Pietro... era una commissione senza condizioni, ma la libertà eccessiva può anche uccidere... per quanto andassi avanti e indietro col pennello, quelle lagrime non mi venivano... povero Pietro, così solo nel suo pentimento...». Era l'anno 1645.

Una gioia senza fondo quando i quadri diventano mobili, e raccontano storie.

10 Settembre – a esattamente 2 mesi Yukiko ha cominciato a guardarsi le manine, e quando le si parla risponde con piccoli gorgoglii «grh»– «a-wru» ecc.

Yukiko non bene con ombelico – portata ospedale Dott. Nagai e Tanagni – niente grave – piccola "granulazione". Bisogna fare diverse causticazioni per una settimana di seguito.

Dopo 7 volte benone.

16 Settembre prende due volte al giorno il Patrogen (8 cucchiaini tondi "speciali" alla volta) il resto io – orari: 4.30 A.M., 8/8.30 circa, 12-1 circa, 4-5 circa, 9-10 circa.

Non sono molto pedante per l'esattezza dell'ora – dipende quando si sveglia e se piange o no.

Cosa dire di questa giovane sposa scrupolosa che si alza alle quattro e mezzo della notte per dare la medicina alla figlia malata? Molto probabilmente tutto si capirebbe meglio conoscendo a fondo la storia del suo rapporto infantile con la madre, donna bellissima, sensuale e tanto libera da abbandonare le figlie alla cura del marito, trasformatosi a sua volta in paziente e tenerissimo padre materno.

Così hanno amato in effetti il loro padre le due sorelle Topazia e Orietta, come una figura materna affettuosa e paziente. Mentre hanno covato un sentimento di rancore per le incurie e gli abbandoni di una madre troppo innamorata di sé. Ad un certo punto se n'è perfino andata di casa, con un altro uomo. Il marito, fuori da ogni tradizione siciliana, l'ha lasciata fare. E quando lei ha deciso di tornare, il marito le ha aperto le porte di casa, con una indulgenza che le figlie hanno giudicato "eccessiva".

Questo stare dalla parte di un padre-madre ha,

credo, unito indissolubilmente le due sorelle: Top e Ori come si chiamavano tra di loro. Due ragazze così diverse che sembravano una la notte e l'altra il giorno. Orietta bruna, con gli occhi neri, un luminoso sorriso timido e scontroso. Topazia bionda con gli occhi azzurri, estroversa e sportiva. Non si staccavano l'una dall'altra. Erano affettuose, solidali e ancora oggi, tutte e due sopra gli ottanta, si telefonano ogni giorno e si tengono idealmente per mano, anche se vivono in città lontane e hanno figli e nipoti che assorbono tutte le loro energie. Orietta ha sposato un giovane pisano, Gianni Guaita, alto, magro, taciturno, che ha scritto dei bei romanzi, degli apologhi intelligentissimi in forma teatrale e ha avuto la passione per la politica. Ha partecipato con coraggio e abnegazione alle grandi lotte contadine per la terra nella Sicilia degli anni Cinquanta, è stato un sindacalista coraggioso, ha combattuto, rischiando la vita, contro la mafia, salvandosi spesso dal macello, sia per la sua enorme ingenuità che gli stessi mafiosi consideravano con stupore, sia per la sua arrischiata strategia di dire sempre la verità che l'ha trasformato, in quelle terre e in quel periodo, in un alieno.

L'ho sentito qualche volta raccontare dei suoi rapporti con la "duchissa Sonia" che non voleva dargli in moglie l'amatissima Orietta. Il nonno Enrico, che era indulgente, aveva detto «Fate voi, purché Orietta sia felice». Ma la madre no, voleva ben altro marito per la sua secondogenita. Lo pretendeva aristocratico o per lo meno ricco. Gianni non era né ricco né aristocratico. E lei gli fece vedere "i sorci verdi" prima di concedergli il permesso. Permesso che d'altronde i due "piccioni" (così si chiamavano fra di loro: "picciona e piccione") si erano già preso andando a vivere insieme. Ma allora era inconcepibile sposarsi senza il permesso di entrambi i genitori della sposa.

Ai racconti di mia madre sulla vita a villa Valguarnera quando lei era piccola e pullulava di ragazzi (i cugini di primo grado e i cugini di secondo grado), mi sono ispirata per la descrizione della vita di Marianna Ucrìa e dei suoi fratelli, due secoli prima. Quando ci ho vissuto io, nel primo dopoguerra, già la grande e bellissima villa era quasi un rudere: le pareti cascavano a pezzi, il tetto imbarcava acqua, le statue del giardino erano state rubate o tagliate a pezzi, l'erbaccia invadeva lo splendido giardino-terrazza. Inoltre non ho avuto dei cugini con cui giocare. I figli di Orietta – la dolcissima Anna, quella a cui sono più affezionata e che oggi abita a New York col marito musicologo, e fa la giornalista, Enrico che insegna all'università di Firenze e Carlo che scolpisce – allora abitavano altrove e io ruzzavo con le figlie del vaccaio, Ena e Ina.

Yuki-chan e mamà in un Yadoya a Tokio. Fine Ottobre '39. Yuki poppa lentamente e non è mai sazia prima di 25 m... Lo stomaco un poco guasto. Se le dò meno latte piange disperatamente. Dottore mandatomi medicina per Yuki-chan – il 7 agosto sta di nuovo benone.

Come si china la mia bellissima madre sulla piccola Yuki-chan nella tenera foto di mio padre! C'era di che diventare gelose, dopo tante attenzioni tutte indirizzate alla figlia maggiore. E invece no, per fortuna: *D. è un amore con Yuki – la dondola, le par-la – le tiene il biberon.*

Sono i primi anni quelli che condizionano una vita. Sarà per questa propensione infantile alla maternità che non ho mai sofferto di invidie e gelosie? Sarà il buon rapporto stabilito con la sorella più piccola che mi ha permesso di sfuggire alle grinfie della paura dell'abbandono? Sarà anche l'esplosiva generosità di mia madre che non ha consentito l'allignarsi di quella brutta pianta?

Però è anche vero che proprio alla nascita di mia sorella mi ammalo di otite. Se volessi ricorrere alle interpretazioni de *Il libro dell'Es* di Groddeck, potrei dire che avevo deviato la mia gelosia naturale rivolgendo l'aggressività contro me stessa. Sarà stato così? L'esclusivismo dei bambini ha la forma di un iceberg sepolto sotto le acque degli affetti indistinti. Si può anche non vedere la sua mole ma è capace di fare affondare una nave, se le sue masse sotterranee incontrano lo scafo sulla rotta marina.

Dicembre 10. Tokio.

Operazione D. fatta dal Dott. Stedefeld al General Hospital, Yokohama. Andati all'ospedale – bellissimo – pulitissimo – elegante – tenuto da suore inglesi, russe, francesi e giapponesi. Alle ore 12 – prima iniezione – nessun effetto. All'1 la portano via. Né Fosco né io ammessi nella sala operatoria. Alle 2.20 ritornata in barella – incosciente, vomitando nero con pericolo di asfissia perché incosciente. I really thought she was going to die. Breathing through instrument – horrible to see and hear. After 2 hours woken – "mamà" quarrelled with the direttrice who won't let me stay by her «she doesn't understand, she is absolutely incosciente [...]». I went and she embraced me crying «mamà, mamà doshite meme ma gatte no» so pathetic staring round con le pupille dilatate dall'etere.

È rimasta una abitudine di mia madre questa di parlare in inglese nei momenti difficili. Magari intercalandolo con l'italiano e il giapponese. Credo che le venisse dalle istitutrici britanniche di cui mi ha raccontato varie volte: «"I am agnostic" diceva miss Ingram. E io: "Cosa significa agnostic papà?" "Vuol dire che fra tante religioni lei si astiene. Ma tu, Topazietta, ancora devi conoscerle le varie religioni e poi deciderai." "I am agnostic" ripeteva monotonamente miss Ingram portandosi le mani dietro la testa», racconta mia madre sorridendo.

Il nonno Enrico si mostrava un padre moderno e illuminato. Sapeva sorridere delle rigidezze altrui, era indulgente coi capricci della moglie, cercava di guidare le figlie senza farsi notare. Era vegetariano e steineriano. Il suo libro di cucina vegetariana gira ancora per il mondo.

«Miss Ingram era spartana e frugale. Con qualsiasi tempo, pioggia fango neve, noi dovevamo uscire. Si scandalizzava quando i siciliani dicevano "poviri picciridde, cu stu friddu...". Per lei il corpo doveva essere governato a suon di frusta: niente pigrizie, languori, lamentele, rimandi. Bisognava fare il proprio dovere, sempre e fino in fondo.

«Aveva delle fissazioni: per esempio le scarpe femminili di pelle lucida col tacco. Non le poteva vedere. Per noi ragazzine ordinava scarpe da uomo, basse e sportive. Era tutta per la salute: porridge col latte la mattina, a mezzogiorno ci permetteva di sedere a tavola con la famiglia ma non dovevamo aprire bocca. Mai rivolgere la parola ai grandi se non si è interpellati. La sera ci concedeva una tazza di cacao e due fette di pane e burro. E poi subito a letto. La mattina poi dovevo andare di corpo alle undici. Mi chiudeva nel bagno e dovevo funzionare, altrimenti non si usciva. Ancora oggi faccio così.»

Le famiglie dell'aristocrazia siciliana avevano l'abitudine di fare venire dall'estero, ma soprattutto dall'Inghilterra, le governanti per i loro figli. Non c'è bisogno di conoscere i romanzi delle sorelle Brontë per immaginare la vita di queste miss, che entravano in punta di piedi nei ricchi palazzi dell'aristocrazia siciliana, affrontando con stoicismo le differenze infinite di mentalità, di gusti, di abitudini. Restavano per anni lontane da casa, segregate in un abbaino, votate alla solitudine, trattate di solito con gentilezza, ma mai veramente ammesse alla vita familiare. Pagate poco, vivevano dignitosamente, tirando su con regole severe delle bambine sbalordite a cui finivano con l'affezionarsi.

Ma proprio quando avevano imparato a convivere con i complicati caratteri degli isolani dalle idee "barbariche", quando erano riuscite a fare crescere qualche radicetta affettiva nei cuori delle loro pupille, dovevano abbandonarle al loro destino di spose e partire per un'altra casa, un'altra famiglia, con poco bagaglio e tanta amarezza nei pensieri.

La rivincita, quando era possibile, consisteva nel conquistare il cuore maschile di un padre, di un fratello e portarlo fino all'altare, come narra la bravissima regista brasiliana Maria Luisa Bemberg, nel suo commovente film *Miss Mary*. Ma succedeva molto raramente.

«Ho avuto tre governanti», racconta oggi mia madre, con la sua inconfondibile voce fresca e argentina, seduta sulla mia terrazza romana: «Miss Ingram la scozzese, miss Healey e miss Toovey. Miss Healey era una vittoriana per educazione e spirito, orgogliosissima di essere stata presentata a Corte, di avere frequentato la scuola delle governanti. È stata una ottima educatrice sociale: ci insegnava come si fa la riverenza alle vecchie zie, agli anziani, alle persone sposate, come si pronunciano le frasi in buon inglese, come bisogna essere gentili con tutti, soprattutto con i sottoposti. A papà e a mamà bisognava baciare la mano e io l'ho fatto fino a sedici anni. Ci insegnava come si tengono le forchette a tavola, come si pulisce la bocca prima di bere, come una ragazza non debba mai parlare: può rispondere se richiesta ma non può prendere la parola in presenza di adulti, fino a quando non si sposa.

«Miss Healey la formalista. Non bacchettona ma classica: girava per casa coi guanti e il cappello in testa. Quando venne il principe Umberto di Savoia a Palermo, io fui accettata alla cena d'onore, ma non prima di avere passato un esame, che superai grazie agli insegnamenti di miss Healey. Era già anziana quando venne da noi e al momento di lasciare la nostra famiglia decise di rimanere a Palermo, dove morì anni dopo, in un piccolo e dignitoso appartamentino, tutta sola. Papà le diede di che vivere, sapendo che non aveva niente: allora non c'erano le pensioni, le assicurazioni, né le buone uscite. Era povera ma fierissima del nipote direttore del porto di Londra.

«Miss Toovey era più giovane e più moderna. Studiava archeologia ed era venuta a Palermo per questo, poi essendo rimasta senza soldi aveva deciso di fare la governante. Fu lei che un giorno mi fece uscire sola, cosa inaudita a quei tempi. Ricordo che si consultarono con papà e mi fecero dare la parola (le bugie erano e sono reato in Inghilterra) che non mi sarei fermata per nessuna ragione, che sarei andata lungo la via Libertà, senza entrare in pasticceria, senza fermarmi con nessuno e sarei tornata a casa, sempre impettita e silenziosa. Dopo dieci minuti che ero fuori è arrivata la telefonata allarmata di zia Felicita: "Che fai, sei pazzo? lasci andare tua figlia per strada da sola?". E papà disse: "Le ho dato io il permesso". Zia Felicita dovette a sua volta rassicurare tutta la parentela che si agitava per questa mia uscita.

«Miss Toovey era una donna molto colta, conosceva bene la letteratura moderna e quella antica. Era una grande lettrice di Shakespeare, che mi ha costretto ad imparare a memoria e di questo la ringrazio perché ancora mi tiene compagnia. Il liceo l'ho concluso con lei. Solo che, invece della licenza liceale ho fatto l'esame per entrare all'Accademia di Belle Arti... Mi faceva studiare su Chaucer, su

Thackeray, su Dickens. Amava molto anche la geografia, conosceva bene i fiumi, i monti di tutto il mondo. Portava i capelli a zazzera, alla garçonne, una cosa ritenuta molto azzardata allora. Era intelligente e libera. Uscivamo in tre, lei Orietta ed io, e ci spiegava la bellezza di un paesaggio, di una architettura.

«Una domenica poi che non c'era nessuno a cui lasciarmi e lei doveva andare alla chiesa anglicana, mi chiese se volevo accompagnarla. Io ero indecisa, non sapevo che fare. Ero consapevole che la zia Felicita avrebbe disapprovato. Allora miss Toovey mi prese per mano e mi portò da "your father the duke" come lo chiamava. Gli chiese se poteva condurmi con sé alla chiesa anglicana, cosa che suonava molto provocatoria in una città di cattolici formalisti. Papà mi guardò con affetto e mi disse: "Vai pure, però non lasciarti influenzare da un credo piuttosto che da un altro. Le religioni sono tante e tu non sei ancora all'altezza di decidere. Non avere nemmeno l'arroganza di ritenerti al di sopra delle religioni. La fede è una cosa importante, bella. Ma bisogna praticarla con convinzione. Vai pure, e fidati di miss Toovey che è una persona obiettiva".

«Zia Felicita che era la sorella maggiore e vegliava sugli otto fratelli più piccoli – la madre era morta di parto al nono figlio – si scandalizzava di queste aperture di papà, ma poi si adeguava perché era di animo mite. Zia Felicita era molto affezionata anche alla nipote Maria che era la più bella delle sorelle Alliata, e aveva sposato un Di Napoli con cui ha fatto sei figli di cui quattro morti di tisi.»

Insomma sono state alcune severe e austere signorine britanniche ad avere determinato le prime consuetudini della vita di mia madre. Consuetudini che pur contraddette, rovesciate, messe sotto i piedi, tendono in qualche modo a tornare a galla.

Sarebbe interessante studiare la storia della Sicilia in rapporto alle signorine educatrici, britanniche o tedesche che fossero. Le famiglie che ospitavano rigide istitutrici del nord erano tante e generazioni di ragazze siciliane sono cresciute facendo propri i miti e i precetti di una Inghilterra avventurosa e risoluta.

Immaginarsi una scozzese povera e vittoriana piombata nella villa barocca di una famiglia aristocratica in una Palermo degli inizi del secolo. Il nonno Enrico filosofo, appassionato di questioni enologiche, gentile e razionale. La nonna Sonia tutta irrazionalità e passione, certamente adorabile da giovane ma insopportabile con la maturità. Come conciliare la severa Inghilterra con la molle Sicilia, così come apparivano nella immaginazione popolare? Probabilmente nel solo modo possibile, ovvero applicando senza indulgenze, senza porsi tante domande, le norme e le discipline del proprio paese cercando di non soffermarsi sulle abitudini di un'isola misteriosa e complicata, drammatica e contraddittoria.

La nonna Sonia non sembrava molto interessata a quello che passava nella mente delle istitutrici britanniche delle sue figlie bambine. Era più il nonno Enrico che, con la sua flemma e la sua curiosità filosofica, osservava quelle povere esuli involontarie ed era preso da pietà e da tenerezza. La nonna Sonia, che faceva facilmente conversazione in inglese, francese e tedesco, che leggeva la musica e aveva una buona cultura operistica, mancava di quelle letture di fronda che avevano accompagnato la formazione del marito.

Voltaire, Montesquieu, Rousseau le erano del tutto sconosciuti. Non aveva mai messo un piede, intellettualmente, fuori dal giardinetto di casa. Figuriamoci le foreste e i deserti di un continente distante e sconosciuto! Tutta la sua energia e il suo talento che certamente avrebbero fatto una magnifica figura su un palcoscenico, erano stati dirottati in piccole strategie amorose. Come se ogni conquista la risarcisse della splendida carriera di cantante lirica a cui aveva rinunciato. Era avara e grandiosa nello stesso tempo, aveva sviluppato fin dalla nascita delle figlie una rivalità con loro che la rendeva incerta e autoritaria. Insomma una persona infelice che tendeva a "farla pagare" agli altri, che fossero figlie o marito o amici. Pur essendo capace in certe occasioni di mostrarsi dolcissima, generosa e affettuosa, si stufava presto di "fare la buona" e si lasciava catturare dalle sue inquietudini, che mettevano insieme la musica e l'eros.

Mia madre ha certamente sofferto molto di queste mancanze che, al pari di tutte le figlie desiderose di attenzione, ha preso come ingiurie personali. In cuor suo non ha mai perdonato alla bella Sonia di averla trascurata. E forse proprio per compensare questo vuoto è stata così generosa, quasi eccessiva, nel curvarsi sulla mia piccola vita, con un fervore da neofita.

"Momo Taro San." Momo Taro era il bambino nato da una pesca. Due vecchi addolorati per non avere avuto figli, chiesero agli dei la grazia. Il giorno dopo, mentre il contadino zappava la terra, vide cadere una pesca dall'albero pieno di frutti. La raccolse, la aprì e dentro ci trovò Momo Taro, un bambino grassottello e forzuto... la mia sorellina dagli occhi malinconici. Nata in luglio, figlia del sole, ma di un sole forse troppo intenso per quello sguardo di bambina delicata e generosa. L'involucro del frutto caduto dall'albero però le stava bene. La sua pelle ragazzina era rosea e liscia come quella di una pesca giapponese.

Siamo state lei ed io unite e solidali per quattro anni. Poi siamo diventate tre, con Toni, nata durante la guerra, sotto il segno dello Scorpione, come me. Mi è chiara nell'orecchio la sua voce quando, alla morte di Yuki, mi ha detto «Siamo rimaste in due». Quella trinità era stato un campicello fertile per noi bambine e poi ragazze e quindi donne adulte con figli. Quella trinità fragile e robusta che ci faceva progettare grandi cose per un futuro comune. Proponimenti infantili, come quello di costruirci una casa-teatro sotto il mare. Avremmo pranzato su dei tavolini rotondi con la tovaglia di lino azzurro, ci saremmo dedicate alle nostre attività preferite. Alzando gli occhi alle finestre immense avremmo potuto vedere passare i merluzzi, i calamari, i pesci palla e i pesci gatto in mezzo alle alghe fluttuanti. Ma non erano da mangiare quei pesci, solo da ammirare per le loro evoluzioni e il loro quieto e determinato andare. Io mi sarei occupata della cucina, poiché già da allora mostravo il mio talento per le buone vivande, Yuki avrebbe rallegrato il pubblico con la chitarra e la voce, e Toni avrebbe danzato.

Mai un progetto infantile è stato sognato con tanta pertinacia da tre sorelle. Che poi invece hanno percorse strade diverse. Solo Yuki ha tenuto la promessa: si è dedicata alla musica e al canto. Ha raccolto canzoni popolari di tutto il mondo, si è specializzata in musiche etniche: ha imparato ad accompagnarsi con la chitarra. Quando la figlia Yoi è diventata abbastanza grande, hanno preso a suonare flauto e chitarra. Oppure cantavano. Era una gioia ascoltarle: bravissime nei controcanti, si alternavano al flauto, si sbizzarrivano in duetti azzardati, si davano il ritmo battendo il piede per terra.

Per un altro periodo abbiamo vagheggiato dei grandi voli a bordo di una mongolfiera, in cui avremmo cantato e mangiato e dormito, salendo e scendendo secondo i venti, appostandoci sulle cime delle montagne, calando a toccare la pelle del mare. Avremmo portato con noi una capretta e qualche rana. Niente altro. Gli adulti non erano ammessi e neanche i topi in quella casa volante per tre sorelle.

Tutti questi sogni si sono infranti nel momento in cui la grande, ovvero io, si è innamorata di un giovanottino scuro e ridanciano che sapeva raccontare con garbo le barzellette più sceme. A quel punto mi sono allontanata dalle sorelle cercando strade più solitarie. Nel frattempo però sopravveniva una catastrofe: papà e mamà avevano deciso di separarsi... E per quanto abbia sempre teorizzato la razionalità del divorzio, credo che sia stata una perdita secca per il nostro senso dell'unità, anche fra sorelle. Un terremoto che ci ha gettate fuori dalla sicurezza degli affetti, fuori da una casa unica, fuori da una città comune, fuori dallo stesso paese. Toni infatti è andata in America a studiare, e in seguito è vissuta in Marocco dove ha preso marito e ha fatto due figlie. Io sono emigrata a Roma con mio padre, mentre Yuki è rimasta a Palermo con mamà. Poi, appena ha potuto, si è sposata anche lei con un grafico biondo e gentile ed ha messo al mondo una bellissima e difficile bambina che ha chiamato Yoi come la nonna paterna.

Le sorelle, legate dal sangue e dalle consuetudini familiari, non dovrebbero rimanere sempre insieme? Ricordo un servizio fotografico su due famose gemelle ballerine di varietà, le Kessler, così eleganti e sobrie anche quando si mettevano succinti costumi di scena, e ballavano in perfetta sintonia al suono di Da da umpa, Da da umpa... Le due sorelle erano invecchiate, si erano sposate e poi separate e vivevano sempre insieme, forse in due appartamentini contigui, sullo stesso pianerottolo, unite per la vita. Mi sono sempre chiesta se siano solo i gemelli a condividere questo destino di fusione o possa accadere anche a fratelli e sorelle non nati nello stesso giorno.

L'immagine delle due sorelle Kessler, tanto simili da essere confuse, si sovrappone alla visione di altri due corpi uniti da vincoli gemellari: Matteo e Giovanni, due ragazzi alti, coltissimi, innamorati della musica e della matematica. Matteo era amico mio al tempo in cui vivevo da sola in via Antonazzo Romano vicino a Ponte Milvio. Mi veniva a trovare nel pomeriggio. Si sedeva sulla poltroncina di vimini e mi spiegava le leggi dell'economia. Era serio, molto serio e timidissimo. È stato lui a farmi capire la differenza fra le tasse dirette (giuste e necessarie) e quelle indirette (ingiuste e vessatorie). «... puoi giudicare il grado di democrazia di un paese dalla quantità di tasse dirette che riesce a imporre... Naturalmente è molto più facile agire sulle tasse indirette, che non prendono soldi solo da chi ne ha, ma da tutti indiscriminatamente. È il metodo dei governi deboli destinati a finire nelle mani dei più potenti che faranno i loro interessi ai danni dei più fragili.»

Credo che sia stato per timidezza che non mi ha mai detto che mi amava. Ma i suoi occhi parlavano per lui. D'altronde anch'io ero timida e non avrei mai iniziato per prima un discorso d'amore. Sapevo che aveva un fratello gemello ma non lo vedevo mai. Poi ho avuto notizia che questo gemello si era ammalato gravemente. Matteo ha preso a venire sempre più raramente. Era nervoso, si alzava di continuo e sembrava sulle spine, ma non mi ha mai raccontato delle sue preoccupazioni. Qualche tempo dopo sono partita per il Brasile e quando sono tornata, qualcuno mi ha detto che era morto. Non mi riusciva di crederci. Seguitavo a vederlo in piedi vicino alla finestra o seduto con le mani aperte sulle ginocchia, gli occhiali che gli scivolavano sul naso, le gote sempre accese. Solo in seguito ho saputo che il fratello gemello Giovanni, dopo molte sofferenze e la totale perdita dell'uso delle gambe, aveva chiesto a Matteo di dargli una buona morte. Matteo aveva ubbidito, ma subito dopo si era ucciso anche lui. In due non facevano cinquant'anni.

3 Maggio – Yuki chan primo dente.

6 Maggio 1940 Yuki chan vaccinata – giorno 12 febbre – 13 meno – 14 pallida e stanca.

10 Luglio 1940

Yuki chan 1 anno. [...] Per la 1° volta vestita da bambina – con vestito con gonnellina – ma non le piace perché non può facilmente camminare a ranocchio (sua specialità) per tutta la casa («guru-guru»).

Yuki ha cercato di cantare! Buffissima. Mai sentito una bambina piccola di 10 m. cercare di fare altro che parlare. Ora dice «ittai» e «ba» e «Uchi-chan» oltre a «tata, dada, baba, ciacia».

14/5. D. preso suo denaro (datole per mettere dentro la borsetta sua) e andata sola al mercato a comprare un pacco di caramelle (15 c.!). Come avrei voluto vederla! Prima volta che usa il denaro per comprare – consapevolmente.

Era questa l'educazione che faceva fremere tante mamme e tante nonne: ma come, lasci che tua figlia così piccola vada da sola al mercato? ma come, le metti in mano dei soldi? ma come, la spedisci per strada senza accompagnarla?

Sissignori, i miei giovanissimi e arditi genitori erano per una educazione montessoriana, una educazione alla responsabilità. Cosa pochissimo apprezzata sia dai palermitani con cui mi sono trovata a convivere dopo il Giappone, sia dalle insegnanti del collegio fiorentino dove sono stata chiusa per tre anni. La formazione siciliana era decisamente un incentivo alla menzogna e alla finzione. Tutto si poteva fare purché fosse coperto dalle spire di un segreto assoluto e spietato. La perdita della verginità, l'adulterio, i traffici sottobanco, il raggiro delle leggi, a ogni cosa si poteva trovare rimedio, purché l'immagine del "decoro" restasse immutata e immutabile. Ricordo ancora l'aria misteriosa di una amica di Bagheria che mi raccontava il segreto di casa sua durante la guerra: «Non avevamo niente da mangiare, ma la mamma non voleva che lo sapessero i vicini, allora ogni mattina metteva sul fuoco un pezzetto di lardo in modo che l'odore si spargesse intorno e così tutti pensavano che in casa nostra non mancasse mai il cibo». Io che venivo da una educazione alla sincerità, la trovavo una impostura assurda. Ma non immaginavo che quelle imposture mi avrebbero tanto fatto penare.

Il sorriso arcano della sfinge alludeva ad un paradiso che tutti conoscevano ma nessuno sapeva dove stesse. La conseguenza erano gli abissi che nascevano fra il dire e il fare. Abissi che non venivano considerati pericolosi o immorali, bensì solo parte del fardello quotidiano: era la consistenza banale e prevedibile, assolutamente non modificabile, della realtà. Quella che oggi fa dire ad un ministro della

Repubblica: «La mafia c'è sempre stata, e dobbiamo abituarci a convivere con lei».

L'educazione del collegio fiorentino era basata sul sacrificio e la privazione. Pur essendo un educandato laico, la morale si calcolava coi voti ed era rigorosa: bollettino rosa per chi si era comportato secondo le regole, bollettino bianco per chi era stato fra il bene e il male, bollettino grigio per chi era caduto in tentazione. La confessione del peccato comunque salvava dalla dannazione, e il perdono cascato dall'alto consolava i cuori più inquieti.

Ma la mia intraprendente madre amorosa parla di denaro. È la *prima volta*, dice, che la figlia maggiore spende denari suoi (li hanno messi nella borsetta perché li consideri suoi) consapevolmente.

Mi viene in mente un viaggio in autobus per andare a trovare lo zio Nicolino a Vallombrosa. Avrò avuto tredici anni. Ricordo ancora l'enorme soddisfazione, quasi un piacere fisico nel comprarmi il biglietto da sola, nell'attendere l'autobus sotto una pensilina verde, con la mia valigia a fianco. Mi vedevo uscire da un film, pronta a cantare la mia gioia di vivere. I soldi danno la libertà? «Ricordati che per le donne la parola libertà significa spesso libertinaggio» dice una mia amica che insegna Storia all'università. E mi guarda con gli occhi tristi.

Forse a Vallombrosa mi sarei infilata il costume da bagno argentato con i bordi arancione che amavo e avrei fatto le evoluzioni nella piscina dell'albergo. Proprio come Esther Williams. Chissà se sarei stata capace di sortire dalle acque azzurre prima con le gambe e poi col busto e infine con le braccia e la testa, come lei, sempre sorridente e padrona di sé. Come faceva a mettere insieme con tanta grazia la professionalità da acrobata e il sorriso di una ragazza dal cuore candido? Intrecciate fra i capelli castani Esther portava sempre delle piccole rose bianche. Ma le rose non si sfaldavano quando restava in apnea per almeno due minuti? «Sono rose di plastica, bambina mia, finte, totalmente finte, senza vita e senza odore.» Ma io non ci volevo credere. Esther, ne ero certa, coglieva ogni mattina un mazzetto di roselline fresche nel giardino della sua villa vicino al mare e con le lunghe dita abbronzate le intrecciava ad un filo di rafia che poi annodava dietro la nuca. Era libertinaggio?

La nostra immaginazione si nutriva di film americani inneggianti ai buoni sentimenti. Le grandi imprese di Deborah Kerr, i balli a piedi nudi di Rita Hayworth, il gioioso cantare di Doris Day, e le languide promesse amorose di Ingrid Bergman. Il cattivo, che oggi farebbe sorridere, veniva sempre punito in quei film. E le eroine si contrapponevano agli eroi dal sorriso seducente, come in una contraddanza medioevale: avanti le ragazze coi loro vestiti leggeri, il vitino snello chiuso da una cinturina bianca, il seno che sporgeva sotto magliette leggere e morbide, i capelli ondulati col ferro caldo, la bocca dipinta a cuore. E ora indietro le ragazze e avanti i ragazzi: il dinoccolato Fred Astaire, il malandrino Cary Grant, il languido Gregory Peck. E poi, hop, allacciati a due per due, a fare il giro della stanza. Quella stanza era nei miei occhi e vorticava gioiosamente.

I soldi? certo mancavano; certo sarebbe stato meglio averne qualcuno di più. «Ma tu cosa saresti disposta a fare per soldi?» era la domanda di una compagna di scuola che mi guardava con occhi serissimi, intelligenti. «Andresti a letto con uno sconosciuto per denaro? e quanto gli chiederesti?» insisteva la mia compagna che sembrava più che altro interrogare se stessa, senza trovare una risposta valida. Io scoprivo riflettendo che non avrei sopportato le mani di un estraneo addosso, neanche per un milione. Forse stava tutto lì il segreto, la differenza fra chi "lo fa" e chi "non lo fa". Non in una fermezza di tipo morale, ma nella pretesa di una scelta e nella consapevolezza di una propria sessualità inalienabile. Avrei imparato anni dopo che molte delle cose che si dicono sulla vendita di sé sono arbitrarie: il luogo comune considera la donna che dà sesso in cambio di denaro una persona dalla sensualità prorompente, indomabile. Non a caso l'insulto per le ragazze che pretendono di fare l'amore quando e con chi vogliono è proprio "puttana". E invece è esattamente il contrario: la sensualità accesa richiede una libertà di scelta che non si concilia con nessuna forma di resa al desiderio altrui. «Non mi va l'imposizione, il contratto già deciso, il letto preparato e i gesti meccanici, anche se in cambio di moneta sonante», dicevo alla mia compagna che era molto bella e cercava probabilmente delle ragioni per resistere alla tentazione di vendere la sola cosa di cui era ricca: il corpo.

«Un uomo sposato, capisci, che si è innamorato e ora vuole che lo segua in un albergo... Mi ha regalato un anello, ma io come lo giustifico a mia madre? L'ho cambiato con una borsa e due cappotti di cachemire...» Erano le confidenze di una ragazza che non aveva abbastanza sicurezza dei suoi gusti sessuali e si faceva attrarre dalle luci di un segreto da adulta. «Ha una figlia della mia età... È bella, mi ha fatto vedere la foto... Lui dice di adorarmi... ma sta così attento... è terrorizzato all'idea di farsi vedere in giro con me.» Era fierissima di quell'amore clandestino, lusinghiero e promettente.

Ho scoperto più tardi che era una pratica abbastanza diffusa fra le compagne di liceo. Alcune sembravano orgogliose di un guadagno precoce, una conquista economica ottenuta con l'uso disinvolto di un corpo che il cinema, la televisione e tanta pubblicità suggerivano come fatto apposta per questo.

Una cosa facile e degradante. Assolutamente nella norma. Una cosa verso cui ti possono spingere due mani maschili che ti hanno carezzato con delicatezza e passione. Senza un pentimento, senza un perché. Era così facile prendere quei soldi ed era nello stesso tempo così difficile. «Devi solo pensare: non sono io quella e sei a posto.» «Ma se posi gli occhi sulle dita coperte dalle banconote ti senti sprofondare nella umiliazione...» La cosa più evidente era che quell'uomo che l'aveva stretta fra le braccia bisbigliandole parole dolci, era diventato improvvisamente un nemico. Le imponeva di non parlare con nessuno. Sanciva un contratto con regole precise: tu dai il corpo cedevole, giovanissimo, vergine, proibito e io do banconote, una sull'altra, senza fiatare. Ma la cosa si conclude lì e basta. Con quella cifra che a lei, ancora ignara del mercato del sesso, sembrava enorme e per lui era una piccola cosa di fronte all'enormità dell'acquisto.

Continuando a parlare di soldi: la mia dolcissima madre ha sempre avuto la propensione ai debiti: domani scade una cambiale, dove sbattere la testa per trovare i soldi? bisognerà chiedere un prestito e poi un altro prestito più grosso per pagare il primo e quando scadrà anche quello, un terzo prestito gigante. Una girandola che mi terrorizzava. Vedevo come passava le notti in bianco ad arrovellarsi sulle scadenze di quelle benedette cambiali che immaginavo come divinità grasse e insaziabili che si nutrivano di madri disperate e bambini famelici.

Credo che sia stata una lezione decisiva. Da cui ho tratto l'insegnamento che i debiti sono prolifici, come i conigli. Se due debiti fanno un figlio, sicuramente entro qualche mese verranno i nipoti e poi i nipoti dei nipoti e così via in un sistema di moltiplicazione geometrica che ti porterà dritto in bocca a un drago pronto a mandarti giù in un solo boccone.

Nella mia vita ho evitato accuratamente di contrarre anche il più minuscolo debito. Se potevo pagare bene, se no, ciccia come si dice a Roma. Preferivo rinunciare all'oggetto desiderato, piuttosto che chiedere un prestito.

E ancora adesso, perfino mille lire da restituire mi mettono in agitazione. Questo mi ha costretta a cercare lavoro prestissimo. Adeguandomi a fare la segretaria, la fattorina, l'archivista, correndo su e giù per la città portando pacchi, saltando da un autobus a un tram.

Ho fatto, abbiamo fatto, tanti anni di povertà. Soprattutto nell'immediato dopoguerra, in Sicilia. Erano anni difficili per tutti: non c'erano soldi per i vestiti, per il burro, per la carne, per le medicine. Ricordo di avere portato a lungo il cappotto ricavato da un mantello di lana pettinata di mio nonno, rivoltato più volte. E le mie scarpe venivano continuamente risuolate, con toppe da tutte le parti.

Avevo dieci anni e sognavo un orologio. Ogni giorno scrivevo a mia madre dal collegio di Firenze chiedendole di mandarmi un orologio da polso. Tutte le mie compagne ce l'avevano e io no. In famiglia non c'erano denari per un orologio da polso che allora costava, era un lusso che non tutti si potevano permettere. Ma poiché io insistevo e insistevo, per Natale mia madre mi mandò un accrocco: una vecchia piccola sveglia quadrata che era stata trasformata in un orologio da polso con due cinghiette nuove che dovevano chiudere con sobrietà il mio polso di bambina. Era però troppo pesante e tendeva a scivolare sulla mano rivelando la sua natura di sveglia. È chiaro che non l'ho mai portato perché mi vergognavo e lo tenevo sotto il cuscino. Mi piaceva però il suo notturno ticchettio e la sicurezza con cui mi indicava le ore illuminando festosamente i numeri sul quadrante.

Quell'orologio grottesco mi porta dritto a un delizioso racconto della *Farfalla di Dinard* di Montale in cui si narra di una sveglia da viaggio bizzarra e familiare che lui e la moglie avevano battezzato "l'angiolino" e suonava quando voleva lui. Ne parlavano come di un figlio un poco imprevedibile: «Il bambino sta in valigia. L'ho messo a dormire» dice la Mosca nell'adattamento che ho fatto qualche anno fa per la radio. Al che Montale risponde: «È immorale chiamarlo bambino... l'angiolino è solo un orologio». E lei: «L'hai detto tu che è come nostro figlio. Viaggia sempre con noi. Ti proibisco di offenderlo». Ma proprio in quel momento l'angiolino prende a suonare insistentemente. «È lui?» «È lui. Ma che gli prende di suonare a quest'ora?» «Da stasera se permetti lo carico io.» «Se angiolino comincia a fare i capricci siamo fritti.» «Non fa i capricci, sei tu che l'hai caricato male.» «Io l'ho caricato benissimo.» «Non mi dirai che si è spostato le lancette da solo?» «Qualche volta succede. Gli scivola la lancetta come una bretella dalla spalla. Povero angiolino...» E Montale conclude: «Basta con questi infantilismi. Niente figli spuri, niente buone cose di pessimo gusto, niente sentimenti crepuscolari. Bisogna pensare a cose concrete. Vuoi che proviamo? Cominciamo subito?...».

Anch'io ero divisa fra gli oggetti che parlano e che vengono trattati un poco come figli e le "cose concrete" che si proponevano al mio spirito con la precisa consistenza della logica quotidiana.

Tagliato i capelli a D., scrive mia madre, *sembra tanto più grande – le mette in rilievo le curve del collo e della faccia.* E sotto una foto in cui sono inginocchiata alla giapponese su un tatami con un'amica a Otaru in casa Toshiko: *D. kimono (un po' grande!)*, commenta mia madre, *raso rosso con obi giallo vivo – bellissimo. Ultima foto coi capelli lunghi.*

Sarà un caso che i capelli lunghi qui si coniughino con una posizione di muta resa alla compostezza femminile?

Non porterò mai più capelli lunghi nella mia vita, salvo quando sarò in collegio a Firenze. Come se con quel taglio mia madre mi avesse indicato una scelta di sveltezza, di sobrietà, di decisione. Una sottile ancora non chiarita volontà di emancipazione? non lo so. Non sono stata io a decidere quella volta. Ma perdendo i capelli lunghi perdevo una certa tendenza infantile alla ricerca della protezione, venivo spinta con mano affettuosa fuori dalla area più arcaica di seduzione. Non a caso tutta la storia dei fanatismi religiosi è legata alla regolamentazione delle acconciature femminili. Il fondamentalismo musulmano ha risolto la questione costringendo le donne a nascondere del tutto testa e capelli. Ma anche la Chiesa cattolica, per bocca di san Paolo, stabilisce delle regole restrittive: «L'uomo non deve coprirsi il capo poiché egli è immagine e gloria di Dio; la donna invece è gloria dell'uomo. E infatti non l'uomo deriva dalla donna ma la donna dall'uomo. Per questo la donna deve portare sul capo un segno della sua dipendenza a motivo degli angeli». Chissà perché gli angeli erano "a motivo" della copertura del capo... Quale potere di seduzione stava in quella matassa di "cellule morte" come la chiama un dermatologo che conosco? Quali timori suscitava nei cuori ardenti dei nostri avi?

Per Sansone il taglio dei capelli fu l'inizio della

fine. Perdette, assieme con le "cellule morte", anche ogni energia e potenza fisica. Ma per una bambina bionda che viveva in un paese non suo e stava per immergersi in una grande guerra mondiale, non poteva rappresentare un incentivo a confermarsi nel suo amore per la libertà? Era questo il segreto pensiero di mia madre? Strano destino simbolico quello dei capelli: per un uomo tagliarseli ha significato simbolicamente cadere in balia dei nemici, per una donna ha voluto dire alzare una bandiera di autonomia.

Mia madre di libertà se ne intendeva. Aveva mantenuto la sua nonostante le ingiunzioni delle suore che in un collegio palermitano pretendevano facesse il bagno, nella vasca piena d'acqua, avvolta in una camicia lunga fino ai piedi... Il sapone doveva scivolare sulla pelle come fosse trasportato da una mano senza braccio, per forza meccanica, lontana da sguardi compiaciuti, sia propri che di altri. Il corpo della donna era peccaminoso anche quando era giovanissimo e innocente. Forse ancora più pericoloso perché suscitava "cattivi pensieri" nei maschi e poteva invogliarli al possesso rapinoso.

Ma la perfezione della educazione cattolica consisteva nel trasformare la donna in una complice della sua sorte di mutilata. In silenzio, con gioia, essa finiva per sottomettersi al destino che le veniva apparecchiato: lo faceva facilmente e anche con entusiasmo (ma moderato per carità), dando il benestare alla sua castrazione mentale e fisica.

Quale costrizione è più efficace di quella che si attua con il consenso e la sanzione dell'interessata? Essa non solo accetta il suo asservimento ma partecipa alla diffusione e al mantenimento dell'ideologia che lo consacra e lo idealizza, considerandolo parte naturale della sua sorte. Questo è stato fatto alle donne: ed è il delitto più grande. Rese conniventi della propria servitù e trasformate in guardiane ossequenti delle regole che imporranno poi alle figlie, alle nipoti.

Se penso agli incontri, in Africa, con le ragazze Elmolo che dovevano essere castrate (taglio delle grandi e piccole labbra oltre che della clitoride) non posso che rammentare resistenze sorde e nascoste. Le ragazze raccontavano che cercavano di rimandare il più possibile il matrimonio, proprio per non soggiacere a quella terribile operazione. Ma erano le madri, le zie, le nonne che insistevano. E alla fine, per quanto riottose, dovevano cedere. Verso i diciassette, diciotto anni la famiglia sceglieva per loro un marito, poi le isolava in una capanna un poco fuori dal villaggio. Lì, una donna anziana, aiutata da due parenti, fissava le gambe della promessa sposa con delle corde a un tronco d'albero e poi tagliava dal vivo con un coltello disinfettato sul fuoco, tutta la parte sensibile dell'apparato genitale.

Una volta ridotta la vulva ad una ferita informe, ricuciva il taglio con dello spago sottile e quindi le future spose potevano riposare per quindici giorni. Dopo quel tempo che serviva per lenire i dolori più laceranti, cominciavano le feste per le nozze a cui partecipava tutto il villaggio, con maschere e canti e balli. Finalmente, in seguito a tre giorni di bevute e di mangiate (in quell'occasione venivano sacrificate alcune capre e se la ragazza era di famiglia ricca, anche alcune mucche) gli sposi erano lasciati soli nella loro capanna e il marito doveva penetrare la giovane moglie forzando la ferita ancora dolorante. Stringi i denti e sopporta, cara ragazza, ce la fai benissimo, se piangi vuol dire che non sei una donna ma una bambina senza senno! Tutto il paese avrebbe riso e l'avrebbe biasimata se si fosse lamentata. Quindi silenzio e abbandono, nel buio della notte, allo stupro maritale.

Quando poi restava gravida, la comunità intera si compiaceva per la grande ricchezza di cui avrebbe goduto. E al momento di partorire, la vecchia chirurga veniva a togliere i punti alla sposa in modo che potesse dare alla luce il figlio. Dopo di che, sempre la stessa vecchia medichessa, ricuciva accuratamente il taglio in modo che ogni rapporto sessuale rimanesse per sempre una tortura.

L'applicazione di questa regola feroce viene gestita e controllata dalle anziane della comunità. Agli occhi del villaggio esse appaiono come le esecutrici di una legge voluta dagli dei e quindi inalienabile. Amen. Intanto la comunità si è assicurata, anche simbolicamente, il controllo assoluto sulla sessualità femminile.

Una domanda viene spontanea a questo punto: ma se le donne non partorissero, potrebbe succedere tutto questo? Se le donne non facessero figli, importerebbe a qualcuno della loro verginità o della loro sessualità? Poiché il corpo femminile ha il grande dono di nutrire, fare crescere e mettere al mondo un erede, il controllo del futuro per ogni società, moderna o antica, passa per il suo grembo. Le castrazioni in certi paesi sono fisiche e hanno tradizioni antichissime, in altre sono simboliche.

Per sfortuna o fortuna, non saprei dire, la riproduzione femminile non è legata al piacere sessuale. Una donna può rimanere gravida venti volte senza avere provato alcun piacere. Il pene maschile invece, per emettere il seme, ha bisogno del desiderio, dell'eccitazione, della esaltazione erotica. Per questo il piacere maschile è sempre stato così celebrato e protetto e anche viziato. Per evitare intralci, rivendicazioni e per la sicurezza della paternità, si fa finta che il piacere femminile non esista, e se esiste, lo si mette nel novero delle anormalità, delle deviazioni: una perversione per certe culture, una cosa sporca per altre, una pericolosa sfida al cielo per le società guerresche che sono abituate a dividere rigorosamente i compiti fra i due sessi.

«È questo sai che storicamente ha aggravato la condizione delle donne» mi dice la mia amica storica. Una ragazza che è invecchiata precocemente gettando sassi in piccionaia, e viene chiamata spregiativamente "la femminista". «Considerate importanti per la riproduzione, ma da tenere sotto controllo, demonizzate nel momento in cui mostravano una autonomia nel piacere, rese complici della propria sottomissione con un insegnamento capillare che ha instillato nel loro cuore l'idea di appartenere ad una razza inferiore, più debole, più inaffidabile, più pericolosa, più inquieta, più sentimentale, e quindi bisognosa di guida, di protezione, di direttive precise, eccola lì, la donna, Dacia cara, che si arrabatta, che si denigra, che si butta via, che si angustia, che si sente in colpa... non ti fa pena? Io non riesco ad odiarla però sai, mai, neanche quando si incarognisce e semina delle trappole per gli sprovveduti. Le "gold digger" per esempio, come le chiamano gli americani, le signorine di ventura, le fatali imbarbarite. Nemmeno loro riesco a condannare. È la scarsa stima di sé, la lunga pratica di inimicizia verso le altre donne che le ha rese così, cattive o buone che siano, non lo sanno. Sono completamente cieche e hanno una gran voglia di vivere. Credono di mangiarselo l'uomo e non si rendono conto che saranno sempre mangiate perché quel maschio che loro credono di dominare le considera in cuor suo delle nemiche un poco sordide, un poco perfide, un poco infide, un poco sciamannate, un poco pericolose, un poco diverse ma alla fine tanto, tanto da desiderare di eliminarle.»

La mia amica ha avuto un figlio che ha voluto educare secondo le sue idee e che oggi la prende in giro, le ruba i soldi, se ne va in branco con i suoi amici a insidiare ragazzine più giovani. «Un fallimento assoluto», dice lei desolata. «Non so quando e come l'ho perduto.» «Forse lo fa apposta, per farti dispetto», azzardo io timidamente.

«Ho imparato a mie spese che la comunità è più forte della famiglia. I miei insegnamenti sono stati sopraffatti da quello che ha appreso in strada, a scuola, coi compagni. È lì che ritrova se stesso, è lì che si riconosce come maschio. Eppure io lo amo sai, lo amo tanto e ho terrore che si faccia del male...» Cuore adorabile di madre. Cuore da mangiare, bollito, con un rametto di rosmarino.

24 Febbraio – Yuki-chan ha detto chiaramente PAPÀ, *diverse volte. "Mamà" solo 2 volte confusamente (mesi 7 1/2).*

Si rammarica teneramente la mia adorabile madre che la sua seconda figlia dal candido nome che ricorda la neve, abbia chiamato papà diverse volte e lei solo due volte. È possibile che a sette mesi una bimbetta abbia già deciso in favore di un genitore anziché di un altro? e che esprima questa predilezione chiamando a gran voce il beniamino?

Si direbbe che una forma di apprensione riguardo alla divisione degli affetti sorga naturalmente in tutte le famiglie, per quanto emancipate. «Vuoi più bene a papà o a me?» che domanda insulsa! Eppure tocca nel vivo di nervi scoperti e brucia.

Ogni cosa si stabilisce proprio in quegli anni, dice Elena Gianini Belotti nel bel libro che si chiama *Dalla parte delle bambine*, ed è stato un punto di riferimento per le donne negli anni Settanta.

Un groviglio di tensioni emotive che è difficile da regolare. Un padre, una madre, un figlio, una figlia... sembra che debba fare tutto la natura. E invece neanche per sogno. Probabilmente la natura spingerebbe all'incesto, come succede fra gli animali. «È una delle prime regole della convivenza umana, il tabù dell'incesto. Lo racconta molto bene Malinovski. È attraverso l'esogamia che gli uomini hanno scoperto lo scambio culturale fra le diverse comunità, la protezione del gruppo, la divisione delle generazioni, la distribuzione dei compiti» sussurra ancora timidamente la mia amica, madre sconfitta e innamorata.

Yuki [...] prende 5 volte al giorno latte mucca + 10 gr. Patrogen + 1 mela cotta con zucchero e burro + 1 Haliva + un succo di mandarino + ogni tanto crosta pane (poco).

26. Yuki non fatto che dire papà papà tutto il giorno!

9 Marzo. Yuki Cià-cià – poi DA-CIA, *ancora non dice chiaramente mamà!*

Bisogna immaginarla questa famiglia italiana così distante dall'Italia, costituita da un padre intrepido e avventuroso, da una madre giovane e risoluta, estremamente compresa dal suo ruolo di genitrice e tre bambine piccole. Una fresca coppia di genitori apertamente in contrasto con le tradizioni aristocratiche di affidare i "picciriddi" alle balie, alle governanti, alle tate, anche lontano da casa. Uso, questo, a cui i borghesi poi, per imitazione, si sono adeguati: Madame Bovary, per esempio, non ci pensa due volte a lasciare la sua unica figlia in mano ad una donna rozza e assolutamente priva di ogni nozione di igiene. Flaubert che la spia da dietro la porta, la giudica con estrema severità e la segue quando va a trovare la sua Berthe dalla signora Rollet, la moglie del falegname. "La camera al pianterreno, l'unica della casa, aveva in fondo contro il muro un ampio letto senza cortine; la madia occupava tutta la parete della finestra [...] In un angolo dietro la porta, certi stivaletti dai chiodi luccicanti erano allineati sotto la pietra dell'acquaio accanto a un bottiglione pieno d'olio, con una penna infilata dentro; [...] La bambina di Emma dormiva per terra, in una culla di vimini. Lei la tirò su con tutta la coperta in cui era avvolta e prese a canticchiare dolcemente, dondolandosi. Léon andava su e giù nella stanza; gli pareva strano vedere quella bella signora in nanchino in mezzo a tanta miseria. Lei diventò rossa; lui si girò da un'altra parte, temendo di averla guardata con impertinenza. Poi lei rimise giù in fretta la bambina che aveva appena finito di vomitarle sul colletto. La balia la asciugò premurosamente, le assicurò che la macchia non si sarebbe vista affatto."

«Debbo continuamente pulirla», dice la donna scocciata. E chiede alla elegante signora di farle avere del sapone perché non ha i soldi per comprarlo. «Va bene, va bene» risponde Emma frettolosa. "E uscì asciugandosi i piedi sulla soglia. La brava donna l'accompagnò fino in fondo al cortile, e continuava a parlare della fatica che le costava alzarsi di notte..."

Un ritrattino per niente tenero, in cui Flaubert esprime tutto il suo disprezzo nei riguardi di una madre egoista e superficiale. Di fronte alla desolazione di quella scena, di fronte alla sporcizia in cui vive la sua bambina, Emma non mostra apprensione, non mostra paura, solo la seccatura di avere il vestito sporcato dal vomito della neonata. Flaubert è duro con lei. D'altronde aveva un modello ben diverso a casa propria. Madame Justine-Caroline Flaubert, così attenta e tirannica da costringere il figlio a farsi indirizzare le lettere della innamorata presso un amico, perché lei non lo venisse a sapere e non esplodesse in una delle sue scenate di moralistica gelosia materna. Da notare che Flaubert figlio aveva già quaranta anni.

Ecco, mia madre è la persona meno bovaristica che abbia mai conosciuto. Per niente sedotta dai sogni melensi del suo tempo, molto concreta nei progetti di vita, molto attiva, aveva l'atteggiamento di chi dice: faccio tutto io perché degli altri non mi fido. E spesso aveva ragione. Del resto era scappata da una madre bovarista, questo sì: la nonna Sonia viveva di cattivi sogni, come Emma Bovary, cercava l'amore e si invaghiva di persone poco raccomandabili, e poi si lamentava delle pene di cuore e soffriva, faceva un gran teatro della sua sofferenza. Certamente la frustrazione aveva la sua parte nella disinvoltura con cui affrontava il suo ruolo di madre. Essere dotata di una potente voce da soprano lirico e non poterla usare, disporre di un temperamento drammatico e non poter calcare le scene, era stata una tortura per lei. Ma allora una donna di buona famiglia non saliva sul palcoscenico, non cantava in pubblico, eccetto che per serate di beneficenza.

Se non ci fosse stato il nonno Enrico forse anche

Sonia avrebbe fatto come Emma, avrebbe messo le figlie a balia da qualche contadinotta siciliana, in qualche damuso campagnolo, in mezzo alle mosche e ai tafani, lasciandosi libera di uscire a cavallo con i suoi spasimanti. Ma il nonno Enrico non era Charles Bovary. E in più erano passati quasi cento anni da quei fatti.

Nella sua camera da letto la nonna teneva una gigantografia del suo occhio. Una cosa che mi impressionava molto quando ero bambina. Un occhio grande come un pesce, scuro, luminoso, senza espressione. Non so a che età risalisse quella foto e se la nonna avesse ritagliato l'occhio da una faccia intera, non lo so. In un oscuro linguaggio dei segni, quell'occhio perso nel vuoto sembrava esprimere una sgomenta solitaria invocazione di aiuto a cui evidentemente nessuno ha dato mai ascolto. Nonostante l'amore del marito, penso che la nonna Sonia patisse la nostalgia delle terre lontane in cui era nata e cresciuta: il Cile. La sua è stata una vita d'esilio, linguistica e affettiva. Un esilio sulle cui ragioni più profonde probabilmente non aveva mai riflettuto, intrappolata com'era in un ruolo di "cattiva" che era diventato per lei quasi una fonte di orgoglio disperato.

Mia madre crescendo aveva giudicato forse anche troppo severamente quella donna bella ed esuberante che non trovava pace. Quella leonessa per cui ogni casa era una prigione. Quella voce reclusa dentro un corpo sottomesso precocemente alle regole sociali della sua classe.

Per sopperire alle mancanze di una madre poco presente, per distinguersi anche nella stima di sé dalla passionale cilena di antica famiglia che, pur vivendo nel nostro paese da settanta anni, non aveva ancora imparato a parlare correttamente in italiano, si era dedicata con la pignola concretezza di una donna di casa tradizionale alla cura delle figlie.

16 Marzo – D. di nuovo tonsillite. Febbre 39.6. Dottore detto ha grosse tonsille. Bisogna levarle. D. molto male a un orecchio – al solito debbo tenerle la mano sopra l'orecchio quasi tutta la notte. Non mangiato altro che succo mandarini.

Questa immagine di una giovane madre che tiene la mano sull'orecchio dolente della figlia, per tutta la notte, esce morbida dalle notturne acque della memoria solo ora, a leggere le parole secche, rapide del diario. Evidentemente non era consapevole del sacrificio che faceva. Nessuno glielo chiedeva e perciò era tanto più generoso. Una madre e una figlia, legate insieme dal dolore, si potranno mai cancellare dalle segrete stanze della reminiscenza familiare?

17 Marzo – 39 – massimo. Medicina amara in polvere data dal medico (specie di aspirina) e nessun'altra cura. Fosco non c'è, io sola – molto contrariata.

18 Marzo – idem – mezzo uovo, un po' latte.

19 Marzo – massimo 38 – succo mandarini e ananas.

20 Marzo – Yuki 38-37.6 – un uovo – biscotti – dato piramidone (dall'Italia) per bambini. Mattina alzatasi.

21 Marzo – D. 37.4 – Yuki 38.

22 D. e Y. sfebbrate! dormito molto – pallida e smagrita – mangia un pochino.

Giorni di pazienza e non dormire! più che preoccupazione.

In questi frangenti l'assenza del padre è una costante. Dipendeva dal suo lavoro, chiaramente. Un etnologo deve viaggiare. Ma è possibile che un padre sia sempre lontano quando una figlia ha la febbre, quando prende la tosse asinina, quando mette il primo dente o affronta il suo primo giorno di scuola? Ed è davvero solo la natura che spinge una donna a tenere per tutta la notte la mano sull'orecchio malato della figlia?

«Non sarà che vuole fare carriera?» si dice di una donna che si sottrae a questi sacrifici, magari per seguire un lavoro che la appassiona. La parola "carriera" è già una condanna. In famiglia poi non le si perdonano le assenze nei momenti difficili, il dividersi fra i figli e l'ufficio. Se non c'è condanna aperta, c'è la presa in giro. Centinaia di racconti e romanzi e film e spettacoli teatrali e barzellette hanno mostrato al mondo quanto possa essere ridicola o perversa una donna che si dedica alla “carriera”. Tanto che, usata per le donne, questa parola è diventata inservibile.

Mia madre ha abbandonato ogni aspirazione al lavoro quando ha avuto me. Eppure la sua mano di pittrice era lieve, sapiente e i suoi quadri dal tratto amaro e ingenuo conservano tuttora una freschezza ammirevole. Ho due suoi autoritratti che certamente testimoniano della possibilità che aveva di diventare una buona pittrice nella folla dei Rosai, delle Raphaël, dei Severini.

Non si è mai lamentata di questa interruzione del suo lavoro. Ha rinunciato con l’entusiasmo che questi quaderni dimostrano. E nessuno certamente ha trovato che il suo sacrificio fosse ingiusto. Non avrebbe potuto continuare a dipingere e nello stesso tempo occuparsi delle figlie? Evidentemente no, i tempi non coincidevano, la distribuzione dei compiti non quagliava. Era nei fatti, nella normalità delle cose che una madre soffocasse il suo talento per i figli piccoli. Punto e basta. Mentre al marito era concesso viaggiare, scoprire il mondo, innamorarsi di altre donne e, quando tornava a casa, pretendere di essere accolto come un re.

La precisione da farmacista con cui mia madre pesa i nostri primi poveri cibi è ammirevole.

10 Gennaio Yuki 6 mesi – punta i piedi e sta in piedi tenendole le manine.

Adesso le dò:

8 del mattino gr. 60 latte di mucca (bollito).

[...]

12 del mattino uguale – con succo di 1/2 mandarino.

4 uguale + un cucchiaio di mele cotte.

8 sera uguale + 1 pastiglia Haliva.

12 sera uguale.

4 A.M. spesso si sveglia e le dò un altro pasto. Se dorme lo salta.

Anche in questa esattezza vedo una contrapposizione alle vaghezze della nonna Sonia che passava dal rigore alla permissività più stravagante, trascurando i piccoli travagli di tutti i giorni. La giovane sposa si era messa d'impegno (un impegno quasi notarile) a fare crescere le figlie, con un gran carico di pazienza e una volontà didattica che certamente compensavano chi ne era stata completamente priva.

A piè di pagina, nel diario, c'è incollato un ritaglio di giornale del 14 gennaio 1940. *San Dazio, vescovo di Milano dall'anno 552. B. Odorico Mattiussi da Pordenone (Udine).* A san Dazio devo il mio nome, che si è tramandato nella famiglia di mia madre come un omaggio al martire "straziato dai barbari" nel lontano VI secolo.

Da piccola odiavo il mio nome troppo inusuale per una bambina. I ragazzini, si sa, sono conformisti. Non capiscono il piacere di essere diversi, di differenziarsi, sia pure per il solo nome. Probabilmente perché sono ancora troppo fragili per reggere una posizione che li allontana dalla norma. La mia massima aspirazione era allora di non distinguermi in niente dagli altri, ma si trattava di un puro desiderio perché continuamente inciampavo nella mia diversità: una famiglia laica, dei viaggi precoci, le traversate degli oceani, una esperienza di campo di concentramento, la fame, i nomi stravaganti: Fosco, Topazia, Yuki, Dacia, tutto fuori dall'ordinario.

Avrei voluto chiamarmi Maria, essere bruna con gli occhi neri, avere due genitori tranquilli, un padre che uscisse ogni mattina per andare al lavoro e una madre grassa e rassicurante. Queste erano le famiglie delle mie compagne di scuola, sia prima in Giappone che poi in Italia. Invece mio padre era sempre in viaggio per i suoi studi etnologici, mia madre aveva la mentalità di una diciottenne, innamorata di noi ma così poco simile alle altre madri; nelle nostre stanze non c'erano bambole, ritratti di santi, libri di devozione, ma riproduzioni di Picasso, di Matisse. Sugli scaffali carichi di libri non trovavi romanzi rosa o inutili enciclopedie, ma Proust e Dostoevskij, Virginia Woolf, Henry James e Svevo.

Giugno 1940. D. non vuole dormire nella stanza accanto. Si alza la notte e viene da mamà, così ora dorme nel letto grande con mamà (e papà nella stanza accanto!) e Yuki nel lettino accanto. Daciuzza ha spesso dolore alle orecchie (sinistro o destro) con febbre o senza.

Mi chiedo se le mie orecchie non volessero rifiutare il rumore del mondo. Troppo fragore, troppa intensità, troppo di troppo. O forse, al contrario udivano qualcosa di lontano e minaccioso che gli altri ancora non percepivano: si stava avvicinando una guerra devastante che avrebbe sconvolto le nostre vite e quelle di altri milioni di persone.

Adesso [Yuki] sta in piedi (sorretta) parecchi secondi e non vuole parlare – porge la manina quando vuole essere presa in braccio e sgambetta furiosamente. Sta seduta sola ma cade di lato e bisogna puntare i cuscini attorno.

E qualche giorno dopo grande titolo sulla pagina del diario.

PRIME PAROLE YUKI

5 Luglio. Quasi un anno. Yuki per prima volta stata in piedi sola.

Parole: Tatta! Odì. Dacia-cìan.

14 Luglio onnicià (connichiwa)

àdà (ya-da)

babài (banzai) [evviva, augurio di diecimila anni di salute e immortalità] a-bàba (obasan) [la tata]

16 Luglio imparato a dare "un bacino" a mamà (poi subito disimparato!).

Fine Agosto – cammina bene da sola, ogni tanto perde equilibrio lateralmente (buffa!) e cade, ma non piange.

Primi Settembre saonaa (saionara) addio
iraisciaa (irashai) vieni
pan per qualsiasi cibo
oc(i)ta (caduto)
chita (venuto)
nèe (vero?)
na per no, scuotendo la testa
scio da (ciodai) please
Fine Ott. abuna (abunai) pericoloso
azì (atsui!) caldo

D. ama stare a leggere accanto a Yuki. Tutte e due dentro il lettino di D. con le sbarre molto comodo, stanno buonissime e contentone. So sweet to look at!

Quella della lettura era una fissazione. Volevo leggere anche quando non sapevo decifrare le parole e mi portavo in giro il libro delle fiabe, perfino rovesciato. Sognavo di stare sul letto volante di Little Nemo. Era straordinario scoprire ogni volta di essere capitati in un paese diverso: fra i gigli giganti simili ad alberi secolari in cui il bambino diventava piccolissimo; fra le case di ghiaccio in cui i mobili erano trasparenti; fra le ninfee sui cui petali delle rane stregate parlavano e leggevano giornali; fra i leoni amichevoli pronti a giocare a nascondino. Mi appassionavo alle vicende della famiglia dell'elefante Babar. E poi c'era Pinocchio che diceva le bugie e correva inseguito dal suo amato Geppetto.

C'erano le storie di Mother Goose che faceva le sue uova nei posti più impensati e poi doveva battagliare per difenderle. C'era la famiglia dei nani che abitava dentro una scarpa gigante. E le storie di Pierino Porcospino il cattivissimo che non voleva farsi tagliare le unghie, così che gli si allungavano tanto da sembrare gli aculei di un istrice, oppure per divertirsi buttava all'aria la farina, di cui si ricopriva da capo a piedi e poi qualcuno lo cacciava dentro il forno, "cotto stracotto e biscottato", come direbbe Goldoni. La mia fantasia non aveva tregua. Ma io non ero mai sazia. «Ancora», dicevo a mia madre «ancora», finché non ho imparato a leggere e a scegliermi i libri da sola. Ancora oggi divento svogliata e triste se non ho una storia che mi catturi e mi porti per mano in paesaggi sconosciuti, dentro stanze non mie, in tempi lontani e seducenti. Non potrei vivere senza leggere.

Capo d'Anno 1940

il 31 D. 39.6! alle due venuto dottore: otite purulenta all'orecchio medio (destro). Alle 3 portatala al Tenchi Byoin. Alle 6 perforazione del timpano – io molto impressionata – l'hanno addormentata in un minuto. L'indomani febbre scesa. Notte dormito io con lei in un letto. Fosco in un altro letto accanto.

Per una volta c'era anche mio padre, che doveva essere tornato per le feste.

Un bel capo d'Anno!! Il 2 Gennaio di nuovo febbrone – l'altro orecchio! Tutto da capo, esce molto pus, la febbre scende. D. dorme molto ma non mi lascia la mano un minuto solo! Le medicazioni sono dolorose e strilla terrorizzata. Finisco per fargliele io – per non impressionarla – con disapprovazione dell'infermiera. Il 4 Genn. 3° febbrone (tonsillite) ma si teme difterite. Le fanno subito prima iniezione antidifterica – molto abbattuta, giornata orribile di ansia. Giorno 5 febbre comincia scendere – non era difterite! Io feliciona. Tutti assai carini portano dolci, fiori, giocattoli. Telefonano. Il 6 la portiamo a casa perché sta tanto bene che non vuole stare a letto. Però la tengo a letto fino all'8, poi nella stanza. Il 7 rash all over the body – effetto dell'iniezione antidif. Il 9 ginocchia molto gonfie e tutte le altre giunture – dottore crede prima reumatismo, ma non essendoci febbre decide ch'è ancora effetto del siero (che veleno schifoso!). Il 15 ancora orticaria (durata due giorni) su tutto il corpo – come morsi di zanzara grossissimi. Povera figliuzza. Ancora non uscita da quasi 20 giorni ma non ha febbre.

C'è tanta apprensione e tanta tenerezza in questo curvarsi di madre sul corpo della figlia malata da esserne appagata per una vita intera. Se non fossi stata così ben nutrita dal suo affetto come avrei potuto sopportare il campo di concentramento, la fame, i vermi, le pulci, le bombe, i terremoti e ancora la fame, la fame nera?

Nonostante la visione drammatica delle cose, ho un fondo di ottimismo che sicuramente mi viene da quelle prime grandi esperienze d'amore materno.

24 Marzo 1941. Si lascia (D. e mamà) Sapporo per Tokio. Yuki e papà verranno più tardi con Obasan (5 Aprile).

D. è interessatissima di conoscere tanti bambini italiani – ma parla poco! Dopo 40 giorni a Tokio già imparato molto italiano!! Tutti la trovano così buona, così educata. «Che tesoro di bambina!» Con i giapponesi è molto più cattiva infatti forse perché si sente a casa sua – e loro ridono e dicono «kawai» qualsiasi cosa faccia! Nell'albergo D. fatto amicizia con tutti. Ricevuto regali da tutti soldati (ufficiali) signore, cameriere, lift, boys! Io mortificatissima!

Strana questa trasformazione. Ma quando è avvenuta? Quando è che da bambina che non conosce nausee sono diventata una ragazza dal voltastomaco facile che non può nemmeno salire su una barca? E quando è che da bimbetta socievole, che faceva amicizia con "soldati, signore, cameriere, lift, boys", mi sono mutata in una ragazzina timidissima che non riusciva quasi a parlare, che aveva paura di entrare in un cinema quando le luci erano accese, che temeva gli adulti e si rincantucciava negli angoli per non essere vista? Non riesco a trovare il punto di rottura, quella crepa da cui improvvisamente il mio carattere ha cominciato a fare acqua.

I bambini giapponesi con cui ero cattiva non li ricordo. Ricordo invece mia madre, la sua gentile intelligenza che sentivo minacciata da ferite e lesioni. Avevo una grande paura di perderla. Giovane, i biondi capelli lunghi e fini, il corpo vivo, soffice, profumato. Pensavo che tutti la volessero rubare e portare via. Non riuscivo a dormire finché non la sentivo tornare, chinarsi su di me per un ultimo bacio. Gli occhi azzurri, tenerissimi, mi scrutavano nel buio, lo sapevo; fingevo di dormire e aspiravo il suo odore che era di rossetto, di capelli spruzzati con l'acqua di rose, di corpo accaldato, di sakè appena bevuto. Qualche volta l'abbracciavo e le dicevo: «Resta, ti prego». Lei, paziente, appoggiava la borsa per terra, si sedeva sul letto e mi cantava il coro della *Butterfly* che ancora oggi mi fa salire un groppo in gola.

D. comincia parlare già il dialetto di Kyoto (aspirato come il fiorentino). Unico svantaggio di questa casa – i "tonari", i vicini di casa con 5 bambini sudici, maleducati, con cui D. vuole sempre giocare. Una fatica tenerla in casa con le abitudini giapponesi, i bambini vengono qua.

Non ricordo quei giochi ma rammento il sapore dell'aria acerba e fumosa. Ogni tanto una madre si affacciava a chiamare uno dei figli: Mieko chan! Yunichiro chan! E subito si sentiva lo scalpiccio degli zori, i sandaletti di rafia che strusciavano sul marciapiede. Un cane che abbaia. Un coro di bambine che sale da una scuola vicina. Il profumo dei daikon sbollentati e del riso appena cotto al vapore. Mi sentivo giapponese come quegli altri bambini col moccio al naso che correvano e si chiamavano dai nascondigli più strampalati. Cos'è la diversità, poi, un sentimento? una parete di carne? un intruglio di odori riconoscibili? non lo so nemmeno oggi.

5 Aprile 1941. Tutti a KYOTO.

Arrivati in tempo per il famosissimo (giustamente) Cherry blossom. Visitiamo tutti assieme il Heian jingu, tempio shinto.

Ho appreso molto dopo cosa significhi Shinto. Una fede arcaica generosa, che dà la parola ai morti, alle piante, agli animali, che crede negli eroi e nelle guerre, nella fedeltà a costo della vita e nel linguaggio dei fantasmi.

I giapponesi hanno mescolato sapientemente la vecchia religione della dea Amaterasu, degli spiriti e dell'imperatore infallibile, con quella nuova più astratta e filosofica delle regole spirituali di Budda, arrivata quatta quatta dalla Cina nel VI secolo, attraverso i monaci coreani che per primi introdussero i libri del Sutra.

Ricordo un acquarello delizioso che racconta con una certa malizia il naufragio di una barca che faceva la spola fra le coste cinesi e quelle giapponesi nei lontani secoli della trasmigrazione religiosa. Il legno sguscia e scivola, salta e ricade goffamente sui ricci azzurri e verdi di un mare in tempesta. Dentro la barca si intravvedono una decina di monaci coreani che si agitano spaventati, scoprendo le braccia e le gambe ormai immerse nell'acqua salsa. Uno cerca di riacchiappare il cappello che una raffica di vento gli ha portato via, un altro tenta di raccogliere con un pentolino l'acqua che entra copiosa dai fianchi della barca, un terzo prova disperatamente a forzare i remi che tendono a farsi trascinare dalla corrente. Due monaci, dalle braccia e le gambe nude, sono intenti a gettare fuori bordo la zavorra, e fra le cose più pesanti ci sono i libri sacri. Uno solo, un giovinetto, che si indovina particolarmente pio, osserva disperato i volumi aperti, scompaginati dal vento, che si allontanano spinti dalle onde.

Non è che le due religioni, così diverse, abbiano avuto vita facile nell'incontro che doveva pure avvenire, quasi un matrimonio combinato. Due paesi che avevano tanti scambi, tanti commerci anche letterari, non potevano non attingere l'uno alle pratiche religiose dell'altro. Si è trattato di affrontare una faticosa guerra che si è trascinata per anni, fra le potenti famiglie sacerdotali dei Makatoni e dei Mononobe impegnati a difendere l'antica religione degli avi e la grande e moderna famiglia dei Soga che sosteneva e proteggeva il buddismo. All'inizio il cambiamento riguardava soprattutto gli intellettuali, gli artisti e i filosofi che vedevano nel buddismo una religione moderna e riflessiva, meno feticisticamente attaccata alle cose. Solo alla fine dell'VIII secolo anche i poveri, i contadini, i pescatori cominciarono ad avvicinarsi alla spiritualità un poco nichilista del buddismo. Così nascono i sincretismi sempre furbeschi, sempre intelligentissimi, sempre pronti a tenere il meglio di un culto antico mescolandolo alla modernità di una prorompente nuova dottrina universalista. Ma la vera trasformazione della filosofia religiosa cinese in un culto diffuso a tutti i livelli fra la popolazione giapponese, arriva con il buddismo Zen nel XII secolo.

Girando per il Giappone di oggi ho potuto notare in tantissime case, sia di ricchi che di poveri, da una parte la presenza di un altare dove si onorano gli antenati offrendo loro fresche pallottole di riso con i zukemono, tazzine colme di sakè, dolci di yokan, la pasta di soia. Dall'altra non manca mai una piccola nicchia per una immagine sobria e gentile del Budda, che disdegna i cibi e sorride un poco ironicamente a queste abitudini arcaiche. Il suo corpo sapiente, seduto nella posa del fiore di loto, insegna che la vita umana è una illusione, che la vera saggezza consiste nel distaccarsi dai desideri e dalle passioni, per dedicarsi al digiuno e alla meditazione.

Insomma anche ora, nel tempo delle grandi banche e delle comunicazioni elettroniche, proprio come prima e durante la seconda guerra mondiale, nelle case giapponesi i morti circolano fra i vivi con animo benevolo e affettuoso. Di notte spilluzzicano un poco di quel cibo offerto devotamente: si muovono senza fare rumore, nei loro "tabi", calze corte di cotone immacolato e scuotono la testa pensosi quando le cose non vanno bene in famiglia, per sorridere invece quando la vita scorre quieta.

Tutto sotto l'occhio indulgente del Budda che, per quanto predichi la giustizia, l'onestà, il rispetto per tutte le creature viventi, mantiene un fondo di distacco dalle cose del mondo, una specie di "polvere sei e polvere ritornerai" che noi ben conosciamo. Però la consapevolezza del nulla buddista è più dolce e sfumata. L'uomo può, attraverso una serie di esperienze sbagliate, vivere cento vite, da uomo o da scarafaggio, da regina o da maialessa, ma alla fine raggiungerà il Nirvana e conoscerà la perfezione dell'Universo. L'idea della rinascita è consolante e addolcisce quei tempi di attesa che toccano al morto cristiano prima di uscire dalla tomba allo squillo delle trombe del Giudizio.

I ragionamenti, certo, sono venuti dopo ma l'esperienza fisica di quella festa del Cherry Blossom è ben presente nella mia memoria – che a volte mi sembra pronta ed elastica, a volte invece completamente spenta e inerte. Mi trovo a cercare con affanno una parola, brancolando nel buio della memoria che invecchia. Col vocabolo sfugge spesso il senso stesso della tua esperienza. Lì dove non c'è il nome, come dice Wittgenstein, non c'è neanche la cosa. Sarà vero? come dimostrarlo?

I "momigi", che poi sarebbero gli aceri, avevano cambiato colore. Uno sfarfallio leggerissimo di foglie che vanno dall'ocra all'amaranto, dal rosa gladiolo al giallo uovo. Anni dopo ho assistito ad uno spettacolo di teatro Nō in cui un vecchio albero raccontava il suo passato. Era proprio un acero, mi sembra di ricordare, che nel momento della mutazione del colore recuperava la parola e si rivolgeva ai viandanti con una voce savia e intelligente.

I testi di Zeami mi hanno insegnato che il teatro è anche fatto per evocare i morti. I quali non sono quei nemici da inchiodare nelle bare, come ci suggerisce la tradizione cattolica. Gli esseri misteriosi forse usciranno dalle fosse al suono delle trombe del Giudizio, ma come usciranno? in forma di giovinetti splendenti o di cadaveri imputriditi, come propongono i numerosi film sui morti viventi? Nella cultura giapponese i morti non sono minacciosi, non hanno denti canini pronti a conficcarsi nelle gole degli sprovveduti, ma si presentano come degli amici, preoccupati delle questioni dell'onore, con cui conversare nelle sere di luna piena.

Ricordo che quel giorno della festa al tempio shinto di Heian, in piedi nella ressa, ho pensato per la prima volta al mondo come ad un insieme di persone, ciascuna con la sua mamma, con il suo chimono colorato, con le sue scarpe, con i suoi giocattoli, con i suoi omochi. Era un pensiero strano e inquietante. Forse era la prima baluginante riflessione sull'alterità. C'erano tanti io oltre me e tutti sconosciuti. Cosa li teneva insieme? e come mai camminavano nella stessa direzione? Chi poteva dire come e quando andare? quando rientrare? come vestirsi? cosa mangiare? cosa pensare? Chi erano quei bambini che mi assomigliavano ma pure erano tanto diversi?

Forse avevo anche sentito mamà e papà parlare del nazismo montante e della guerra che incombeva, anche se noi non ne avevamo ancora assaggiato i frutti amari.

Non avevo ancora sei anni e papà mi diceva: «Ricordati che le razze non esistono. Esistono le culture diverse ma non le razze». E questo proprio nel momento in cui tutta l'Europa era in preda ad una esaltazione razzista. A cui lui ha reagito col rifiuto, testardo e deciso, che molti gli hanno rimproverato.

Ogni tanto mamà porta le sorelline "machini" (in città). Programma: Dari Moni department store, giocattoli. Yuki non riesce mai a capire se stessa cosa vuole. D. non vuole niente! (molto blasée). Cerca sempre qualcosa di molto nuovo, mai visto, exciting e poi finisce per volere comprato un temperalapis o un fazzolettino colorato o un ninnolino di celluloide che non serve a niente.

Poi gelato – poi ritorno a casa in autobus – stanche, soddisfatte.

La cosa curiosa è che ancora oggi sono appassionata di temperamatite e di fazzolettini colorati. Nei grandi magazzini o nei mercatini della domenica, guardo un po' tutto ma finisco per appuntare la mia attenzione su una sciarpina di cotone o di seta, possibilmente azzurra. L'azzurro è il mio colore, quello che mi dà pace quando sono inquieta. Leggendo Flaubert ho scoperto che anche lui amava l'azzurro, un colore a cui attribuiva poteri erotici. Di solito è il rosso che si abbina con la sensualità. E invece, tutte le volte che Emma Bovary si appresta a fare l'amore c'è qualcosa di ceruleo che la trasfigura: la veletta che le pende dal cappello quando esce a cavallo nel bosco con Rodolphe, il vestito di lana merinos dalle balze celesti, le pareti turchine di una camera d'albergo. Perfino gli occhi di Emma, che Flaubert dice essere neri, diventano, nell'emozione d'amore, di uno splendido blu zaffiro.

Nel magnifico giardino del Gin Kakuji, mentre mamà prende parte a una cerimonia del tè, le bambine bevono il tè verde rituale nella cucina – poi corrono sul muschio a piedi nudi. Vi starebbero tutto il giorno.

È un piccolo ritratto di famiglia. Che si ripeterà così per anni. Papà c'è ma non c'è. Mamà cerca di sprofondare nelle abitudini locali: indossiamo il kimono e lo si vede in molte fotografie, con l'obi alto per tenere insieme i lembi delle sete scivolanti. Partecipiamo alle feste popolari giapponesi. Beviamo il tè verde amaro. Che spesso si accompagna con dei piccoli dolci di riso e yokan dalla pasta scura e zuccherina. Impariamo la lingua, anzi il dialetto. Giochiamo coi bambini giapponesi. Le tate sono tutte del luogo e io parlo molto meglio il giapponese dell'italiano. Se questo non si chiama integrazione! E non si trattava di un dovere, ma di un piacere di testa e di corpo. Solo che è difficile stabilire i limiti fra una cultura e l'altra. E se poi, praticando delle consuetudini diverse, perdi la conoscenza antica di te stesso? Se uscendo da una lingua e insinuandoti in un'altra, smarrisci le connessioni su cui si appoggia la tua logica semantica? sono le difficoltà che ogni emigrante, anche se per ragioni di studio, anche se non incalzato dalla miseria e dalla fame, incontra.

Che effetto sortivano su una bambina turbolenta e assennata gli insegnamenti a volte contraddittorii di due civiltà così lontane e sconosciute l'una all'altra? Difficile dirlo. Ho avuto dei momenti in cui pensavo di perdere la trebisonda, come si suole dire. Ma poi mi riprendevo. Tante difficoltà in più o ti distruggono o ti inducono a costruire strategie di sopravvivenza, anche gioiose, anche ingegnose. Mi sono affidata all'istinto e l'istinto ha saputo barcamenarsi in mezzo alle onde, le più aspre. Nel mondo dei simboli non soffro il mal di mare, come quando avevo un anno e viaggiavo sul Conte Verde.

Ci si può innamorare del passato? *Longing*, come direbbe mia madre. *Longing for the past*. Il passato che appare sotto i miei occhi in queste fotografie, fisso e lucido per sempre, è seducente come una medusa. Mentre il presente è scabro e spinoso, quasi rivoltante nella sua nudità.

Ma qual è il momento in cui il presente si trasforma irrimediabilmente in passato? Il momento dopo, è la risposta logica. Ma dopo cosa? Dopo l'istante che stiamo vivendo, no? Eppure se ci soffermiamo su quell'istante, esso già non esiste più, non riusciamo ad analizzarlo perché è sparito nel nulla. Non sarà che il tempo è una idea che ci facciamo di qualcosa che non c'è? Una astrazione arbitraria che costruiamo a nostra immagine e somiglianza e a cui diamo dei nomi di fantasia proprio nel tentativo disperato di trattenerlo, di dargli una forma? I ricordi in effetti sono farciti di nomi e quelli ci garantiscono che qualcosa è successo. Ma cosa? le fotografie hanno la presunzione di dircelo con giusta precisione. Esse si presentano come i testimoni più attendibili della memoria legata alle immagini. Malgrado ciò, ho sempre avuto l'impressione che proprio le immagini siano lì per turlupinarci. Si prendono l'autorità e il privilegio di rivelarci la realtà mentre la abbelliscono, la lustrano, la rendono bidimensionale e assolutamente cartacea.

D. parla ogni tanto italiano! Buffissimo, con sintassi giapponese.

Un giorno papà le ha dato "tetelle" e lei era indignata «papà, brutta l'uomo!».

E ancora il 12 aprile '40: *D. dice «Mamà questo a Dacia non ti piace» e parla italiano con regole grammaticali giapponesi, divertentissimo!*

Una doppiezza linguistica che certamente ha ingigantito la mia insicurezza espressiva fino a renderla ostinata. Ho sempre risolto le cose poi con la scrittura. Era più semplice per me scrivere che parlare. Avevo molte difficoltà con il corpo delle persone a cui dovevo rivolgermi. Una forma di timidezza ossessiva e paralizzante. L'individuo che mi stava davanti, per quanto amico, per quanto ben disposto, mi ingessava la parola in bocca. Se invece mi mettevo seduta, anche sui gradini di una metropolitana e scrivevo dieci parole su un foglio a quadretti strappato dal quaderno di scuola, mi sentivo più libera.

La scrittura è certamente una passione che mi viene dalla parte paterna: la nonna Yoi componeva deliziosi libri di viaggio. Mio padre ha sempre scritto e scrive ancora e con quanta danzante eleganza! L'italiano è diventato, dopo qualche intoppo, la mia lingua. Ma mi sono familiari le trasmigrazioni linguistiche, alla Conrad. Forse anche questa è una ragione per cui lo amo tanto. È stata una gioia per me tradurre *Il compagno segreto*. Il cui titolo adesso, con più coraggio, cambierei in *Un clandestino a bordo*, che invece ho scelto come titolo di un mio libretto di riflessioni. Il fatto è che *The secret sharer* è intraducibile. Non c'è l'equivalente della parola *sharer* in italiano. Ma che fatica decifrare una lingua così sofferta e complessa, dalla struttura stratificata e innaturale! Lavorandoci sopra si capisce che è una lingua di adozione e fatta propria con fatica. Ma forse proprio per questo il suo corpo narrativo, segnato da ferite, da rabbie sepolte, da sensi di colpa, da prove ed esperimenti continuati, si fa tanto seducente, assolutamente amabile.

Papà andato a Tokio – la sera mamà e D. vanno insieme a passeggio per le strade solitarie a godere quel po' di fresco che si può. D. tesoro! vuole sapere tante cose e parla spesso del kodomo che deve nascere e che per ora è dentro l'onorevole pancino di mamà.

Curioso questo continuo bisogno di fare un passo indietro, di mettersi da parte a guardare la madre e la figlia che camminano dopo cena in cerca di un poco di fresco. "Mamà e Dacia" non indica una solitudine, un abbandono, ma una perfetta simmetria amorosa. In realtà non eravamo in due, bensì in tre, anzi in quattro con la piccola Toni che se ne stava accoccolata nell'onorevole pancino di mamà a dormire aspettando il suo turno per venire al mondo. Molte domande rimanevano sotto la lingua di una bambina precoce e impacciata. Da dove vengono i figli? Sì, sapevo che erano lì dentro l'onorevole signora pancia, ma prima, chi decideva se dovevano nascere o no, e quando si formava quel corpicino che poi sarebbe stato riconoscibile come la mia onorevole sorella?

Un'altra bambina? avrebbe detto mio padre disgustato. Pur non essendo un misogino teneva che nascesse un maschio che avrebbe portato il suo nome e continuato le tradizioni di famiglia. Da maschio a maschio, la consegna è sempre la stessa. Ci sono dei misteri, direbbe il mio amico Giovanni, che si tramandano da padre in figlio, ci sono delle affinità, delle somiglianze carnali che la madre non può comprendere. Ma è proprio così, caro Giovanni? non è piuttosto che in quella arcana discendenza si tramanda semplicemente il segreto del dominio maschile?

La bambina in questione dimostrava una voglia di autonomia che sarebbe sciocco pensare non appartenga alla natura femminile, anche se in contraddizione con i luoghi comuni sulle bambine di tutti i tempi.

D. subito voluta uscire ad esplorare i dintorni. I bambini del vicinato le ridevano e poi scappavano quasi impauriti della "mezurashi" apparizione di una vivente "o ningh-yo-san" (bambola). D. invece di affliggersene li ha rincorsi con una sfilza di frasi giapponesi che ebbero il desiderato effetto. Dopo 20 minuti, le erano tutti attorno (10-15!) e dopo un'ora giuocavano a rincorrersi nel giardino o nella strada, e nei cortiletti delle case "tonari". Adesso ha preso l'abitudine quando torna da scuola all'1 di levarsi il cappotto e correre subito dai "tomodachi". La sera col buio si ritira – sudicissima ha fame e dorme bene – adesso in un letto grande sola nella stanza accanto alla ns. con Yuki chan nel lettino accanto.

Si svegliano tutte due la mattina alle 6 con mia gran disperazione. L'obasan viene alle 7 allora torno a dormire un po'.

A Rancima D. voleva camminare «lontano, lontano, itarì no ho made». D. a un suo amico di circa 8 anni: «L'anno scorso mi sono morta» (chissà cosa voleva dire?). E lui: «Ma no sciocca, l'anno scorso sei nata!».

E ancora, sotto la dicitura "discorsi divertenti". *D.: Mamà (in giapponese) tu sei brava a parlare l'italiano l'inglese e il francese, ma sei così buffa quando parli giapponese – devi domandare a me come si dice!*

E ancora: *Dopo il "party" per la sua festa chiedo a D. quale bambino le è più piaciuto. Rudy (Fachtman), dice, perché gli piace fare la lotta (e noi prima avevamo paura che si azzuffassero per davvero durante la loro "lotta"!).*

Febbraio '41: «*Mamà, non dobbiamo portare troppa roba in itarì o il vapore è troppo pesante e va giù giù giù e poi tutti si affoga. E poi se Yuki chan si muove io che sono la nesan la tengo ferma perché se no cade nel mare e muore. Ricordati, vero?*».

3 Agosto. [...]Papà porta spesso Dacina a fare il bagno – seduta su un sediolino appeso sulla bicicletta. D. felice. D. adora fare le cose "abunai", come papà.

Abunai significa proibito, difficile. Una spericolata rompicollo, insomma. Ho dei ricordi di qualche anno dopo a Bagheria, quando mi buttavo giù dalle strade ripide non asfaltate montando la bicicletta di mio padre. E siccome non arrivavo al sellino, pedalavo con una gamba infilata nel triangolo che unisce la canna alla ruota. Cadevo cento volte, mi sbucciavo, mi ferivo, ma non smettevo per questo di precipitarmi giù con la bicicletta dai freni che funzionavano solo a singhiozzo.

Nelle giornate estive poi mi tuffavo di testa dentro l'acqua che esplodeva per aria da una roccia sporgente col rischio di sfracellarmi. Bisognava cogliere il momento giusto, quando l'onda invece di urtarti, ti accoglie in sé. Guai ad avere paura.

Così, per spiccare le ciliegie o le carrube mi arrampicavo sulle piante più alte, sfidando gli uccelli e anche lì, per quanto capitassi su rami vecchi e marci, non mi è mai successo di cascare e farmi male davvero. E che dire del gioco che facevamo con Yuki, Toni e dei piccoli amici giapponesi: aspettare il passaggio di una macchina e attraversare la strada di corsa prima che ci travolgesse. Vinceva chi guadagnava il marciapiede opposto nel momento più vicino al sopraggiungere dell'auto. Il guidatore frenava spaventato e poi ripartiva strombazzando indignato.

Bellini loro due, commenta mia madre, toscaneggiando di fronte ad una fotografia in cui papà se ne sta seduto in cima ad una roccia, in costume da bagno, e io sono ferma in piedi accanto a lui, indossando una gonnellina larga e un cappello di paglia rotondo. Che ci fosse un senso di esclusione in quel "bellini"? Comunque avrebbe avuto ragione perché sono proprio quelli gli anni del grande innamoramento per mio padre, il tritone, il seduttore impenitente, il rubacuori, il Peter Pan che la sera se ne volava via dalla finestra, verso chissà quali paesi dagli odori intensi e i colori squillanti. «Papà, quando torni?» «Presto, Dacina, presto.» E quel presto era come un mai. Perché innescava il difficile sentimento dell'attesa e le attese, si sa, sono serpenti che si snodano nella nostra mente addormentata.

11 Agosto al 19 Ag. stati in una capannina sul monte Hiei, ma piovuto tutto il tempo – ed era quasi troppo freddo e scomodo per le bambine – ritornati in città: caldo terribile per cui Y. tosse.

Mio padre ha sempre ostentato un sonoro disprezzo per le comodità che considerava roba da «signore col cappellino». Una persona dal cuore giusto non cercava agiatezza e lussi inutili, ma dormiva sul duro, dentro una tenda, in pizzo ad una montagna, mangiava frugalmente e non si lamentava mai. Così doveva comportarsi la bambina coraggiosa che lui amava: complice di un ideale austero e monacale della vita. I soldi non contano, le proprietà non contano, le chiacchiere mondane meno che mai. Conta invece l'armonia del nostro rapporto con le cose: pesce in mezzo ai pesci, uccello in mezzo agli uccelli, il corpo libero deve essere pronto a seguire le tracce di una via tutta laica e naturalistica verso la conquista della serenità.

Papà e Dacia al solito giocano insieme.

Siamo sopra un'asse larga di legno che scivola sulle acque di un lago. Era proprio questo che mi innamorava di lui: l'assoluta incapacità di drammatizzare, che invece aveva mia madre. La festosa, incosciente spavalderia del suo stare al mondo, con sicurezza e naturalezza, con coraggio e spirito di avventura. Come non guardare ammirati un giovane bellissimo uomo che cammina sul filo della vita e a momenti balla, senza tenere conto degli abissi che si aprono sotto di lui, senza paura di scivolare, di perdere l'equilibrio? Su quel filo era capace anche di mangiare, di bere, di dormire e di inventare una poesia assurda sulla dolcezza delle zie: "Oh zie, oh dolci zie in bardocheta / voltatevi col glostro ricamato / scendete per le scale a beta beta / dai màberi del tempo agglutinato! Chissà laggiù se ancora la sbidiera / gramigna lentamente a catalanghi / nell'ufe coccia a coccia della sera. / Or più non usa uscire sugli sbaghi / guardando avanti a sé con aria altera / tra i sugheri, gli ascostoli, gli snaghi...".

La guerra era già esplosa, stava mietendo vittime in tutta Europa, ma nel nostro piccolo giardino di famiglia non eravamo raggiunti dalle voci della discordia e della violenza. La felicità familiare, si direbbe, ama nutrirsi di sé ed erigere muri intorno al proprio benessere.

Io amavo, aspettavo e cercavo quel Peter Pan che mi faceva da padre, con cui andavo così volentieri a esplorare il mondo. Era un capotribù sempre pronto a partire, a scoprire nuovi torrenti, nuove rocce scoscese su cui arrampicarsi, nuovi boschi da perlustrare, nuovi deserti da attraversare. Senza bussola, senza acqua. Portandosi appresso soltanto un piccolo ruc sac appeso alla schiena, che conteneva una minuscola mela da dividere in due, dei ramponi, una corda, un binocolo e un libro.

7-17 Settembre mamà e papà a Tokio. Bambine restano Kyoto. Da Tokio telefonato spesso. Yuki al telefono: mocci mocci, natta oidé, né? e Dacina assicura che sta molto buona, di portare un regalino!

La civiltà dei doni aveva fatto le sue vittime... Ancora adesso non riesco a sottrarmi alla logica delle offerte per placare gli animi misteriosi degli sconosciuti.

Yuki si ammala notte febbrone – difficoltà di respiro. Gran paura difterite ma non è. 40.2. è angina. Guarisce il 22.

Strana questa paura ossessiva della difterite. Che poi puntualmente è arrivata in casa, ma quando già eravamo tornati in Italia, a Bagheria. E ricordo perfettamente il viavai di mia madre con le pappine dentro un piatto coperto da una retina. Mia sorella Toni ed io potevamo spiarla solo dalla finestra. Non ci era dato di penetrare in quella camera al pianterreno di villa Valguarnera dove Yuki giaceva pallidissima e sola in un lettuccio da campo. Eravamo appena tornati dal Giappone. Ancora magre e indebolite dalla detenzione. E Yuki un giorno si era lamentata che le faceva male la gola. Per fortuna mia madre aveva da tempo ingaggiato una guerra feroce contro la difterite. L'aveva tanto esecrata che essa era venuta, ma lei l'aveva subito fermata sulla soglia di casa: «Tu qui non entri!». Sebbene avesse già infettato la sorella più debole, non doveva assolutamente attaccare le altre due. E rimboccandosi le maniche, mostrando uno sprezzo assoluto del contagio, entrava ed usciva dalla stanza della malata, risparmiando la tata che avrebbe voluto aiutarla. Lei non temeva il male e come una leonessa si era proposta di strappare alla morte la sua secondogenita.

E in effetti alla fine ce l'aveva fatta. A furia di medicine, di limoni, di acqua calda disinfettata, e di carezze. La difterite se l'era squagliata, con la coda fra le gambe, e non si era più fatta vedere. Anche se mia madre, ogni tanto, ci scrutava in gola alla ricerca di quelle placche bianche che paventava come la peste. «Fai vedere, apri la bocca» e noi lì come tre uccellini che aspettano il becco materno.

Esattamente quegli uccellini, forse dei passeri, che avevo cercato di scolpire nella creta mentre ero in collegio a Firenze. Non so come, fui accusata di avere rubato una pallottola di argilla ad una compagna. Accusa assolutamente ingiusta che ho sentito come una frustata in pieno viso e di cui non ho mai dimenticato il dolore. Nessuno ci aveva detto mai: «non rubate!», ci sembrava la cosa più naturale del mondo. Non era una regola imposta dall'alto ma una pratica che faceva parte della vita quotidiana. E quell'accusa mi aveva sconvolta. Come potevano solo pensare che avessi rubato della creta?

Una volta, mentre montavo uno spettacolo a Centocelle, ho visto un attore che sparpagliava per terra un mucchio di libri nuovi molto costosi. «Chissà quanto hai speso!» ho commentato. «Niente» mi ha risposto sornione, «li ho presi in libreria senza pagarli.» «Li hai rubati?» «No, è stato un esproprio proletario. Non siamo proletari noi?» Veramente non mi pareva. Era figlio di un avvocato e anche se viveva in un sottoscala perché il padre non gli passava i soldi, era sempre un ragazzo di buona famiglia, abituato a tutti gli agi.

Ma davvero l'ideologia permetteva di rovesciare le regole in cui ero cresciuta? Credere in un cambiamento radicale del mondo autorizzava ad uscire dal contratto stabilito con i propri contemporanei, con i propri concittadini? Mi arrovellavo. Da una parte volevo partecipare pienamente alla euforia del cambiamento: i grandi progetti per un futuro che avrebbe chiuso con le ingiustizie, con le brutalità di una classe sull'altra. Ma nello stesso tempo mi riusciva difficile rovesciare le regole elementari su cui avevo costruito la mia tranquillità di coscienza: non rubare, non uccidere, non mentire. E invece, col Sessantotto, improvvisamente sembrava che tutto fosse possibile e ribaltabile. Rubare era un diritto, uccidere pure, se lo si faceva per una giusta causa. Anche se questo ultimo diritto non veniva messo in pratica da nessuno che io conoscessi, c'era in giro l'idea che fosse lecito pestare i piedi, tagliare le dita, picchiare a sangue un innocente, sparare alle gambe di un altro che non la pensava come te: nuove moralità per nuove visioni del mondo. Ero angosciata. E per fortuna. Ho sempre avuto una certa resistenza di fronte ai fanatismi, di qualsiasi fede si trattasse. E questa ritrosia credo mi abbia salvata dal gettarmi nella mischia con i miei coetanei assetati di guerre civili.

24 Settembre 1941. Yuki-chan andata per la prima volta al Yochien. D. le fa da mammina. Tutti meravigliati e commossi. D. diventata veramente saggia e così ragionevole e giudiziosa – si direbbe più grande.

Non so da dove provenisse questo giudizio. Forse era semplicemente un riflesso del senno di mia madre? In una foto di quel periodo si intuisce il teatro che ci eravamo costruite per esprimere la nostra assennatezza: una grande portafinestra alla giapponese che si apre sul giardino, un tavolino di vimini, una poltrona imbottita. Mia madre, giovane e savia, con il vestito a bolli chiari su fondo scuro, i capelli raccolti dietro la nuca, se ne sta seduta su una poltroncina di vimini e tiene le gambe raccolte sotto il tavolino. Ha una espressione seria, concentrata ed è intenta ad un lavoro che non si capisce bene quale sia: si accinge a riempire un paniere con dei pacchetti o sta sistemando in tavola cibi e tazze da tè? Per terra c'è un libro aperto che aspetta di essere ripreso in mano. Di fronte vediamo la bambina "giudiziosa" che aiuta la madre ad apparecchiare. È vestita di chiaro, porta scarpette basse, ha i capelli tagliati corti e appare pensosa: quale scatola togliere prima dal tavolino?

La foto mi porta, attraverso le vie misteriose della memoria letteraria, a Murasaki Shikibù, così come l'ho conosciuta nell'immaginazione, intenta a scrivere con il pennello su un largo foglio di carta di riso. Il suo romanzo è stato forse lo strumento più completo e felice per la comprensione del Giappone. A posteriori naturalmente, dopo avere respirato a lungo le sue arie umide e avere bevuto mille volte i suoi tè profumati. Come dimenticare il racconto così visibile del principe Genji: un uomo giovane e seducente che faceva innamorare solo a guardarlo. Il giovanotto snello e gentile che le cortigiane spiavano da dietro le tendine di rafia, sedute sulle estese terrazze che si aprono lungo le basse case di legno.

Buffa la storia della squisita scrittrice giapponese: nell'anno Mille in Giappone i letterati scrivevano solo in cinese perché quella era la lingua dei dotti, dei poeti, dei filosofi. Il giapponese, come il nostro volgare, era lasciato alle donne, ai servi. E Murasaki Shikibù, piccola dama di corte dai pensieri fluidi e lo sguardo attento, ha nobilitato la lingua degli inferiori componendo il più bel romanzo della letteratura nipponica.

I paesi, ne sono convinta, si conoscono soprattutto attraverso i romanzi. Che ti portano passin passino dentro stanze e corridoi segreti di case lontane, in città sconosciute. Ti mettono in bocca sapori di minestre mai assaggiate, ti fanno toccare con la mano il rotondo dei muscoli di corpi amici e nemici, ti deliziano con il canto di una balia o con la mollezza sensuale di un riposo pomeridiano.

Quante cose squisite e misteriose ho conosciuto attraverso il distacco incantato di Kawabata, le complicazioni erotiche di Tanizaki, gli eroismi disperati di Mishima, le tenerezze tribolate di Inoue, le segrete visioni di Hayashi Fumiko.

In quanto alla propensione a fare da mamma alle sorelle, semplicemente ripetevo i gesti affettuosi di mia madre. Ancora una volta l'esempio era essenziale per la formazione di una "saggia donnina". Senza mettere in conto però che quella saggezza poteva anche diventare una trappola in cui cadere. Non so fino a che punto lo sia stato nel mio caso. Certo ogni esempio può trasformarsi in un vestito troppo stretto quando le membra si allungano e si allargano. Ma, scucito, dilatato, con le toppe o no, quel vestito lo porto ancora e mi ci sono abituata.

Un laghetto artificiale vicino a Kyoto, acqua freddissima, profonda, scrive mia madre. Al centro di cerchi concentrici si vede il mio adorato papà, che sporge dall'acqua fangosa solo con la testa. Aggrappata alle sue spalle, con le braccine attorno al collo di lui, c'è una bambina bionda dall'espressione grave. Una piccola ranocchina arrampicata sulla schiena del grande ranocchio padre. Il corpo adulto trascina fra i gorghi il corpo bambino e lo porta in salvo verso la riva. Da qualsiasi avventura noi due uscivamo ogni volta stupiti e illesi. Non era un miracolo dell'amore di un padre per la sua bambina e di una bambina per il suo giovanissimo papà?

Avremmo potuto cadere, fracassarci la testa, ferirci: mentre correvamo come il vento sulla sua motocicletta argentata, mentre ci arrampicavamo su per rocce scoscese, mentre scendevamo a precipizio fra i sassi di un sentiero affacciato su un dirupo, mentre nuotavamo sott'acqua con le bombole dell'ossigeno attaccate alla schiena, mentre caracollavamo in bicicletta su viottoli di terra. E invece non è mai successo. La sua incoscienza sembrava proteggerci meglio di un angelo custode. Eravamo lanciati verso le infinite possibilità dell'avventura. Nessuno poteva fermarci. Meno che meno la prudenza. "Un padre e una figlia eccoli lì", quasi non parlavano fra di loro. Ma si trovavano spalla a spalla nel piantare la tenda su un terreno battuto dal vento, si scoprivano aggrappati nell'affrontare le travolgenti correnti di un fiume, faccia a faccia mentre divoravano un pezzo di pane col formaggio sotto una tettoia improvvisata, colti da una imprevista acquata in mezzo ad una spedizione più pericolosa e più esaltante delle altre. Sempre in cerca di qualcosa di difficile da rintracciare: il sentiero del tesoro, la riva della speranza, il prato della quiete, la barca della felicità.

Qualche volta mi rendevo conto che mi trattava come se fossi un figlio maschio, dimenticando le mie fragilità di bambina, i tempi di un corpo femminile in crescita. Non avendo avuto il maschio che voleva, pensava forse di trasformarmi nel piccolo compagno delle sue avventure. Dal mio canto io facevo di tutto per non deluderlo a nessun costo. Dovevo mostrarmi all'altezza delle sue aspettative, maschio o femmina che fossi. Mi arrampicavo stringendo i denti anche quando ero stanca, camminavo per chilometri senza mai trascinare i piedi, mi gettavo nelle acque gelate dei fiumi senza fiatare, pur non sapendo nuotare. La sua educazione consisteva in uno spartano spronarmi all'indipendenza. Ti butto in acqua e tu nuota!

E difatti, ho imparato a nuotare, senza lezioni, senza allenamento, giusto per sopravvivere. Certamente, se avessi cominciato a bere, lui sarebbe venuto in mio soccorso. Non voleva affatto che io affogassi. Ma pensava stoicamente che di fronte alle difficoltà si aguzza l'ingegno. E devo dire che il mio "ingegno di sopravvivenza" non è rimasto inerte. Ha appreso la lezione.

Le grandi gite rischiose appartenevano a papà e a me. Mamà era a casa a badare all'onorevole pancino da cui presto sarebbe nata la terza sorella. La seconda, Yuki, spesso si ammalava e mia madre la accudiva con la solita tenace passione.

Così noi eravamo lasciati soli nella nostra impresa di esploratori e di pionieri. Impulsi che credo lui abbia ereditato dalla nonna Yoi che, giovane e bella, non ha esitato un attimo ad abbandonare il marito e due figli per partire da sola all'avventura. Una donna inquieta, solitaria, coraggiosa. Che mio padre venerava. Sempre scontrandosi col nonno Antonio che invece lo richiamava alla ragione, alla stabilità, alla professionalità ben pagata, all'acquiescenza politica. Non a caso quando mio padre si è sposato il nonno gli ha regalato una tessera del fascio. E mio padre ha strappato quella tessera in mille pezzi. Dopo di che non si sono più parlati per quindici anni.

La sua fuga in Giappone era stata anche una fuga dal padre. Sperando di convincere la madre ad andare a trovarlo, una volta stabilitosi lì. E magari indurla a rimanere con lui per tutta la vita.

È simile questa storia a quella che racconta così bene Natalia Ginzburg nel suo bellissimo libro sulla famiglia Manzoni. La madre di Alessandro, Giulia Beccaria, aveva abbandonato il severo e noiosissimo marito Pietro e se n'era andata a Parigi con Carlo Imbonati, lasciandosi dietro non senza dolore il figlio piccolo che il marito non aveva voluto affidarle. Per anni al bambino Alessandro non era stato più permesso nemmeno di pronunciare il nome della madre. «Quando avrai la maggiore età deciderai se vederla o meno...» Difatti appena compiuti i venti anni, il giovane Alessandro era partito per Parigi. Lì aveva scoperto una donna giovane, bella, intelligentissima e spiritosa e aveva deciso di vivere con lei, portandola poi a Milano e tenendola vicina fino alla morte.

Mio padre avrebbe voluto fare una cosa simile. Ma la guerra glielo ha impedito. Quella guerra che covava sotto le ceneri delle nostre avventure per terra e per acqua, sotto il nostro bel sodalizio senza pensieri.

Un'altra fotografia ci ritrae vicino al fiume di Asahigawa. È il 10 settembre del '41. In quell'anno la Germania nazista ha invaso la Bulgaria, la Jugoslavia, la Grecia. A dicembre il nostro amato paese ospitante bombarderà Pearl Harbor. Gli Stati Uniti e la Gran Bretagna dichiareranno guerra al Giappone.

Nel frattempo il paese del Sol Levante, come incaponito nella sua politica di grande potenza e imperturbabile di fronte alle ormai sempre più frequenti sconfitte, occupa la Thailandia, invade le Filippine e la Malesia, sottomette Hong Kong e il suo porto internazionale. Hitler intanto dà il via in maniera sistematica alla "Soluzione finale".

Possibile che nella piccola famiglia Maraini non trapelasse niente di tutto questo pandemonio? possibile che noi restassimo così felicemente e platealmente immuni dalle ostilità? O c'era da parte di mia madre una volontà tenace e pervicace di tenerci fuori, a tutti i costi, fuori da quella sporca faccenda?

Gliel'ho chiesto e mi ha detto che il clima di Kyoto allora era chiusissimo: «Non si poteva parlare di nulla che fosse politico, c'era la censura su ogni forma di pensiero e di parola e gli italiani erano tenuti sotto osservazione continua». Certo è che noi ci accomodavamo con garbo nel silenzio di una pace tesa che precede la guerra. Non c'erano segni di nervosismo e di timori eccessivi per il futuro. È anche probabile che i miei ne parlassero fra di loro senza farmi sapere niente per non allarmarmi.

Ci vorranno ancora due anni prima che l'incanto si rompa brutalmente. Prima che vengano a prenderci per portarci nel campo di concentramento di Nagoya, assieme ad altri dieci uomini, gli unici italiani non militari in tutto il Giappone che non hanno voluto firmare per la Repubblica di Salò.

Mentre Yuki chan dorme sui morbidi deliziosi futon di casa Shimizu, papà, mamà e Dacia con gli amici Shimizu vanno in giro per la campagna mangiando meloni squisiti afferrando libellule e finalmente fanno un magnifico bagno nel fiume vicino al Farm – giornata magnifica di sole caldo e riso quasi maturo.

Il Giappone all'inizio del 1942 invade la Birmania e Singapore si arrende. Ho visto recentemente un documentario sulla presa di Singapore da parte dei giapponesi: atroce per l'uso sistematico di torture, stupri, violenze sui civili. Forse proprio perché sentivano il fiato della sconfitta sul collo erano diventati più feroci e spietati. O forse perché la guerra, ormai nel suo pieno da tre anni, li aveva incarogniti. Morirono in migliaia, anche fra i soldati nipponici.

Non posso fare a meno di ripensare a quel bellissimo episodio del film di Kurosawa in cui un ufficiale non riesce a liberarsi dei suoi soldati che lo inseguono dovunque vada, con i loro poveri equipaggiamenti: fasce di lana sporca attorno alle gambe, scarpe slabbrate e rotte per il troppo camminare, zaino che batte sulle spalle ossute, sovraccarico di pentole e barattoli di latta. L'ufficiale si volta e grida loro: «Basta, la guerra è finita, andate a casa, tornate a casa!». I soldati lo osservano un momento, smarriti e poi continuano imperterriti a seguirlo.

A guardarli bene, hanno delle strane facce stralunate, sono bianchi come la carta e i loro occhi sembrano non vedere. All'ennesimo ordine di tornare a casa, essi si fermano un attimo ubbidienti e poi riprendono patetici ad arrancare dietro il loro comandante come se non conoscessero, anche volendo, altre strade. E proprio allora noi scopriamo con raccapriccio che sono tutti morti.

Intanto l'elenco delle malattie si allunga.

D.: 20 Giugno – dolore orecchio d.s. Senza febbre.

3 Luglio. 38.8 – dolore orecchio d. indomani 37.2.

Fine Luglio – leggera dissenteria – Biogermina – ottima.

Primi Sett. raffreddore – tosse senza febbre. Codeina.

9 Sett. sera dolore orecchio d.

12 Ott. febbre – mal di orecchio d.s. e tonsille + tosse.

13 Ott. sino 22 febbre alta 39-40 ad intervalli, tonsillite (dottore iniez. di chinino)

1-2 Novembre – 38 – male or. s. perché giuocato fuori sino a tardi! [...]

3 Nov. Bene.

Yuki

Luglio 21: poche linee febbre – malumore – disappetente. Gengive rosse e gonfie. Notte 2 denti frontali superiori spuntati.

22: dieta leggera – latte toast acqua di riso – succo di mikan (2 caramelle!) temperatura 37 e andata di corpo non m. bene 2 volte.

sfebbrata – allegra – non andata di corpo.

24: mattina non fatto pupù pomeriggio 4 volte sciolta sfebbrata – sera (gialla grumosa) 37.9.

25 – una volta di corpo un po' verdino, grumoso. Ore 4 portata osp. Prof. Nagai. Dieta: acqua di riso e latte (metà metà) + 2 mele crude passate al g. + medicina (pepsina etc.) 37.2 piagnucolosa.

26 – 37 2 volte p. giallo-grumoso. Di migliore umore ma deboluccia e smagrita.

26 mezzanotte – dopo gran sudata, temperatura 35.6 – mani fredde, pallida, lamentatasi – gran paura – certo medicina troppo (baka!). Avvolta in coperte dopo po' ripreso colore!

27– 2 volte p. mattina e sera verso le 8 giallo schiumoso – identica a ieri (non data medicina) umore buonino – dieta solita – temp. 36.4

28 mattino presto p. brutta uguale. Cambiato dieta (mia invenzione)

1° pasto acqua di riso (un pizzico Biogermina)

2° pasto yogurt 50 gr con 3 cucchiaini zucchero e 3 biscottini leggeriss. 3° e 4° p. come sopra 1° e 2°.

Sera non fatto p. niente temp.

29 – mattina p. molto meglio. Banzai! Continuo dieta come ieri, umore buono e più forte. Stata in piedi.

30/31 – bene. Aumentato a poco a poco biscotti e toast.

Le pagine che precedono il precipitare della situazione bellica sono fitte di osservazioni minuziose sulle nostre feci, sulle nostre salive. La febbre infantile sembrava volere dire qualcosa, forse un allarme per quello che sarebbe successo. Ma era un linguaggio troppo criptico e misterioso anche per la mia amorosissima madre.

Che, nel frattempo, inserisce un ciuffo di capelli di Yukiko fra le pagine del diario. Possibile che non sentisse la tempesta che si addensava sulle nostre teste? Parevano più allarmati i nostri intestini di bambine in crescita che le coscienze dei nostri due amati genitori.

Certo non potevano sapere che proprio in quei giorni da tutta Europa partivano i treni piombati con migliaia e migliaia di famiglie ebree, uomini donne e bambini, anche neonati, verso le lugubri tradotte germaniche e polacche. Allora nessuno era al corrente. E quando due prigionieri ebrei, fortunosamente evasi dal campo di Auschwitz, raccontarono alle autorità inglesi cosa stava succedendo in quei centri di torture e di morte, esse non vollero, non poterono credere. E il papa Pio XII, a cui arrivavano in continuazione allarmate informazioni da parte di cattolici tedeschi, non diede credito alle loro parole e non volle dire niente contro la deportazione nazista.

Ora noi sappiamo: abbiamo davanti agli occhi le fotografie di quei bambini che scendevano dal treno, ancora ben vestiti, ancora ben nutriti, sebbene avessero trascorso giorni e giorni senza cibo e senza acqua dentro un vagone piombato. Balzavano giù contenti di uscire all'aperto, di potersi dissetare, e non immaginavano che sarebbero stati subito uccisi. I bambini infatti non erano utili per le fabbriche di munizioni e quindi andavano eliminati al più presto. Li facevano spogliare, a volte accompagnati dalle madri, per tenerli tranquilli: «Appendete i vostri panni a quei ganci e ricordate il numero, così dopo non perderete tempo a cercarli» suggeriva gentile una SS spingendoli verso l'ingresso della camera a gas.

C'erano voluti anni di esperimenti per scoprire l'efficacia del gas letale Zyklon B. Avevano provato con lo scappamento dei camion, deviando la bocca del tubo di uscita verso l'interno, e così ne avevano uccisi a centinaia, ma il sistema non convinceva: la morte sopravveniva troppo lentamente. La gente all'interno dell'autocarro vomitava, gridava, si gettava contro le pareti e le urla arrivavano a volte anche lontano mettendo in allarme gli altri prigionieri. Bisognava inventare un altro metodo. L'eliminazione doveva avvenire, secondo le indicazioni di Himmler, nel segreto più assoluto. Nessuno doveva indovinare la sorte che lo attendeva. La soluzione più sicura e più facile, dicevano gli ordini da Berlino, consisteva nel tenere la gente in arrivo dai ghetti nell'ignoranza: con modi garbati andavano convinti ad entrare il più rapidamente possibile dentro le camere a gas, persuasi di andare a fare una doccia. Soprattutto bisognava impedire che scambiassero anche una sola parola con gli altri prigionieri. Quasi tutti infatti nel campo sapevano di quella fine, ma tenevano il segreto, per paura ma anche forse per una forma di pietà verso quei poveri esseri indifesi. Un sopravvissuto ha raccontato che una volta, vedendo una donna che conosceva nella fila davanti alla camera a gas, le ha sussurrato, a rischio della vita: «Attenta che vi mandano tutti a morte», ma lei non gli aveva creduto e gli aveva mostrato il sapone, come la prova più tangibile dell'ingresso in una sala docce.

La efficiente organizzazione dei campi aveva anche sperimentato le fucilazioni di massa. Che si erano rivelate però pericolose, perché chi aspettava e conosceva la sua sorte tentava di ribellarsi o di fare resistenza passiva. I militari delle SS dovevano stare all'erta, coi nervi tesi per tutta la durata dell'esecuzione in cui erano costretti a tenere tanti soldati pronti a sparare sul posto. Uno spreco di tempo e di energie. Nonostante questo era successo qualche volta che i prigionieri si rivoltassero e alcune SS fossero ferite nel domare la tempesta. E poi cosa fare di tutti quei cadaveri ammucchiati? Una soluzione era stata trovata nel costringere gli stessi condannati a scavare un fosso per potervi poi gettare dentro i loro cadaveri. Ma le energie dei prigionieri erano troppo scarse e ci volevano ore e ore per ottenere una buca abbastanza profonda perché i cani non venissero poi a tirare fuori pezzi di cadaveri dalla terra.

La invenzione del gas Zyklon B. era stata "provvidenziale", come ha raccontato poi qualcuno al processo di Norimberga. Aveva permesso l'eliminazione di migliaia di persone al giorno, nel silenzio di una sala chiusa e insonorizzata, con la modica spesa di un po' di gas.

Tutto questo era ignoto ai miei adorati genitori che si godevano i fiumi e i boschi del Giappone. Si erano perfino avventurati a fare un terzo figlio. Anzi una figlia. Sempre sperando in un maschio che purtroppo non sarebbe arrivato. Un'altra bambina? Che disastro! Mia madre mostrava di affliggersi per assecondare il marito. Ma lei era contenta così. Il suo istinto materno non conosceva delusioni. Per fortuna erano abbastanza informati da sapere che il sesso del nascituro non dipende dalla madre ma dal padre. Chi era da biasimare se non proprio lui, il brillante professore, scappato da Firenze per contrasti col padre e venuto in Giappone con la giovane moglie, sperando in una discendenza maschile? Strano che, proprio lui che aveva conosciuto le difficoltà di un rapporto amaro col padre, volesse a sua volta diventare genitore di un figlio. Forse nel ricordo di quel fratellino, Grato, che da piccolo gli stava sempre alle costole e lui trattava con la condiscendenza e la protettività di un padre adolescente. Grato il lungo, Grato il rosso. Era diverso dal fratello maggiore: più timido, più dolce, più mite, più insicuro. Per questo lo seguiva passo passo. Ma Grato aveva avuto la fortuna di rimanere vicino alla nonna Yoi.

Anche se non ne parlava mai. Da adolescente allampanato e giudizioso era diventato un giovane taciturno e sorridente. Il suo silenzio era proverbiale in famiglia. Vedendoti dopo anni di assenza era capace di dire solo «Oh nini, che fai?» ed era tutto. Ha sposato una bellissima donna romana discendente da Napoleone e ha fatto una figlia (anche lui!) dal bel nome napoleonico, Letizia.

Il terzo quaderno finisce in quel '41 che presagisce tanti tormenti, con una cartolina arrivata dall'Italia. Una fotografia di piazza Vittorio Emanuele di Firenze. Si presume che venga dalla nonna Yoi. Che sono contenta di non avere visto morta, come il nonno Antonio. Mi piace pensarla in piedi, magrissima come era da ultimo, il lungo vestito di stoffa orientale, i capelli grigi raccolti sulla sommità del capo e poi fatti ricadere mollemente a rotolo sulla fronte, gli occhi teneri e delicati come farfalle, la bocca un poco inasprita dall'età. Quando le chiedevano quanti anni avesse rispondeva: «Non lo so, ho smesso di contare». Era una donna affabile, portata alla conversazione, secondo quanto racconta mia madre.

Il contrario di nonno Antonio che prediligeva il silenzio rimuginante. Lei che era inglese aveva una socievolezza tutta mediterranea, e lui, italiano, sembrava fatto della roccia britannica più rigida e incupita dai venti nordici. Lei bionda, lui rossiccio, erano stati una bella coppia. Lui si era innamorato senza scampo di questa inglese dall'ovale perfetto, di dieci anni più vecchia, ma molto più giovane come spirito e fantasia, tanto da affrontare le ire dei genitori che detestavano l'idea di una "divorziata" con figli a carico. Una donna elegantissima, raffinata, ma con qualcosa di indomabile e selvaggio nel fondo del cuore. Una donna «capace di qualsiasi cosa» diceva di lei il nonno, con ammirazione ma anche una certa inquietudine.

Mi piace immaginarla con un braccio alzato, nell'atto di un saluto affettuoso alle nipotine cresciute, invecchiate, al figlio ora più anziano di lei che arranca come un vecchio orso su per le montagne aspre della costa toscana. Il loro amore, l'ho sempre saputo senza che nessuno me lo dicesse, era profondo come il pozzo della mia casa di campagna.

Non c'era acqua corrente quando presi quel pezzetto di terra fra la Flaminia e la Cassia. Così ho chiamato dei tecnici che scavassero un pozzo. Gli operai hanno cominciato a fare una buca, che poi hanno preso a trapanare giù giù per venti, trenta, poi sessanta metri, ma l'acqua non si trovava. «Signora, qui non incontriamo nessuna vena. Deve rinunciarci. Facciamo un bel serbatoio e poi con la pioggia...» «No, continuiamo a scavare» ho risposto, per quanto sapessi che mi sarebbe costato caro. E loro hanno ripreso i lavori. Scava, scava, dopo un'altra settimana di tentativi sono finalmente arrivati a trovare l'acqua, hurrà! a centoquindici metri di profondità.

Bellissimo vedere sgorgare il liquido trasparente dalle viscere della terra: uno zampillo fresco, di sapore forte, che porta con sé il profumo delle radici, delle rocce più dure, della terra compressa, dell'acqua tenuta pigiata e legata per secoli. Avevamo trovato la sorgente e quella sarebbe salita, grazie ad una pompa potente, fino all'interno della casa e avrebbe mantenuto il sapore di minerali appena svegliati dal sonno.

Ecco, così immagino l'amore di Yoi per il piccolo Fosco. Che vedo bambino, accanto a sua madre inginocchiata di fronte a lui, come li ha scolpiti il nonno Antonio in un bassorilievo sulla stele che si trova nel cimitero di Poggio Imperiale a Firenze. Per me è decisamente la scultura più bella del nonno. Delle sue composizioni non mi sono mai piaciute le forme troppo contegnose e forbite, le morbidezze un poco lascive delle sue donne di pietra, i compiacimenti dei pepli, l'eleganza prevedibile dei soggetti mitologici, sempre in pose teatrali e retoriche. Pur avendo una mano aggraziata e felice, pur conoscendo bene il mestiere, lo scultore Antonio era prigioniero del virtuosismo e della sua fondamentale mancanza di libertà. Quella libertà di spirito che in fondo al cuore rimproverava alla moglie, «l'inglese capace di qualsiasi cosa». La donna che lui ha amato oltre se stesso, con timore e passione. Che è stata una moglie fedele e perfetta, ma ha sempre conservato qualcosa di intangibile e indomabile che lui non avrebbe mai saputo controllare come avrebbe voluto.

La stele sulla tomba di nonna Yoi la ritrae sovrastata da un intreccio di viti, accanto al figlio. Lei se ne sta inginocchiata per trovarsi all'altezza del bambino di forse due anni; ha la testa coperta da un fazzoletto legato dietro la nuca, una lunga gonna che le avvolge le gambe, il busto eretto, slanciato. Tiene le braccia stese verso il figliolino che, si indovina, sta ritto in piedi da poco ma lo fa con ardimento e caparbietà. Accanto alle ginocchia della madre ci sono dei giocattoli in pietra: un orso, un carretto con le ruote ben disegnate, dei dadi. Il nonno Antonio, che tendeva a spianare la materia sassosa rendendola levigata e priva di nerbo, qui si è fermato in tempo. Per una volta ha lasciato che l'emozione gli trasmettesse un tremore attonito alle mani. Anche lui sorpreso e ammirato di fronte al mistero di questo amore. Un amore assoluto che chiudeva un cerchio da cui lui era escluso. Ma il miracolo si era compiuto: lo scalpello dello scultore aveva tracciato i segni di quel muto e grandissimo sentimento, nella sua semplice umiltà, senza voler giudicare, né prevaricare, né ricomporre, né spiegare, con il rispetto leggero e distaccato di un artista di fronte all'enigma di un legame arcaico e esclusivo.

Anni Cinquanta. Ogni domenica Yuki ed io uscivamo dal collegio della Santissima Annunziata al Poggio e ci dirigevamo, mano nella mano, verso la casa del nonno Antonio. Lui ci riceveva fra le sue dalie, e le statue della primavera e dell'autunno in piedi in pose sensuali. Non un bacio, non una carezza, non un sorriso, ma subito un rimprovero: «Come sono infangate le vostre scarpe!» oppure «Vedo dalle vostre facce che avete fatto le scale di corsa, sembrate due contadinotte sporche e spettinate». Non si capiva fino a che punto scherzasse burberamente o dicesse sul serio. Sono convinta che avesse dell'affezione per noi, ma la sua etica gli proibiva di mostrare qualsiasi sentimento, pena la perdita del rispetto di se stesso. Ogni tenerezza, ogni affettuosità era per lui un cedimento al sentimentalismo e alla romanticheria "da quattro soldi". Era ossessionato da una idea di perfezione formale che non poteva andare disgiunta dalla educazione, dalla disciplina e dal sacrificio.

La nonna Yoi continua a salutare col suo braccio sollevato. E io penso che veramente mi dispiace non averla trovata al ritorno dal Giappone. Sono sicura che ci saremmo intese. Mamà dice che era molto spiritosa. E ogni tanto, guardando il nonno, diceva a voce bassa: «A very fine man», come per convincere se stessa...

Credo che lo ritenesse spietato nella sua mania di perfezione. Ma pure l'ha trattato come lui voleva essere trattato, con rispetto e affettuosità, mantenendo quelle distanze che per il marito erano parte di ogni rapporto "come si deve". Fedeli l'uno all'altra, hanno conservato l'immagine durevole di una famiglia affiatata e soddisfatta. Se lei ha avuto tentazioni extraconiugali, certamente le ha sublimate in incontri intellettuali, come è successo con Berenson che viveva nella villa non lontana dei Tatti e adorava conversare con la bella Yoi. Se lui l'ha tradita, si è trattato invece di piccoli amori ancillari. Quelle esplosioni di sensualità che un buon borghese esprime in segreto, possibilmente con qualcuno di condizione sociale inferiore, a cui può apparire, anche nell'intimità più riottosa, come un dio, e che dovrà comunque ringraziarlo per "l'onore".

1942. Il diario di mia madre è ormai muto. Lei non ricorda se ha tenuto qualche traccia delle cronache quotidiane per l'anno 1942 e per l'anno 1943, prima di entrare nel campo, dove certamente non c'era stato più modo di scrivere né di leggere.

«Forse ho smesso di compilare il diario sulle figlie perché il clima era cambiato. Si viveva nella preoccupazione. La stampa ripeteva le parole d'ordine del governo. E la gente diceva "Hitar, tsuyoiné", Hitler è forte vero? con un misto di ammirazione e di paura.

«Chi non era d'accordo con le invasioni tedesche e giapponesi (in marzo il Giappone invade le Indie orientali olandesi, gli USA bombardano Tokio e in agosto le isole Salomone occupate dai giapponesi; a settembre inizia la battaglia di Stalingrado), chi non era d'accordo taceva, aveva paura delle sanzioni che erano violente. Io ero convintissima che Hitler non avrebbe vinto, non so chi mi desse questa sicurezza ma ne ero certa. La nostra situazione era molto delicata: facevamo parte di un programma di scambio: tante borse di studio giapponesi e tante italiane. L'ambiente diplomatico ci teneva d'occhio. C'era qualcuno all'Ambasciata che la pensava come noi, il giovane addetto Sforza per esempio. Ma neanche lui poteva parlare.»

Mia madre si sforza di ricordare l'atmosfera di quegli anni angosciosi e la sua voce si fa tesa. «Il clima fra gli italiani in Giappone stava cambiando: tutti si guardavano con sospetto. Qualcuno si mostrava scettico verso il fascismo come Sforza. L'ambasciatore Jannelli invece ci credeva. Era rigido lì a fare il saluto con la mano tesa. Mentre altri cominciavano a dubitare, come Cavalchini di San Severino, per esempio, l'addetto navale che diceva e non diceva, ma noi avevamo capito che esecrava Hitler e la politica insensata dell'Italia della Repubblica di Salò asservita ai tedeschi e priva ormai di dignità e di orgoglio.»

«Ma le notizie, quelle vere, come vi arrivavano?»

«Attraverso la radio, che ascoltavamo di nascosto. Ricordo inoltre che c'erano due francesi che sapevano qualcosa sugli eccidi degli ebrei nei campi di sterminio. Lei mi disse un giorno a bassa voce: lo sai che bruciano le persone nei forni dopo averle gasate, donne e bambini compresi? Io dissi: non è possibile, ma chi te l'ha detto? Sembrava davvero una invenzione. Pensavo che fosse una di quelle tante voci estreme che correvano durante la guerra. Chi poteva organizzare una cosa così mostruosa come lo sterminio sistematico di un intero popolo, colpevole solo di essere di un'altra religione? Eppure era proprio così. Non so come lo avessero appreso i nostri amici Baron Fain.»

Le notizie circolavano, evidentemente, ma mancava la conferma ufficiale. Né la Chiesa né il governo americano vollero dire come stavano le cose, fino a dopo la guerra, quando i fotografi e gli operatori cinematografici entrarono al di là dei fili spinati e scoprirono alcuni derelitti sfuggiti all'eccidio, tutti pelle e ossa, che si scaldavano sotto una coperta, sorridendo con la bocca senza denti.

Sono gli ultimi mesi del '42. Mia sorella Toni nasce dopo ore e ore di tormento, avvolta tre volte nel cordone ombelicale. Quel girarsi e rigirarsi nel suo rifugio di carne sembra, a ripensarci oggi, un presentimento dei terribili accadimenti che avrebbero cambiato radicalmente la nostra vita da lì a poco.

«Pareva che dovesse morire la mia ultima bambina e io con lei. Stava soffocando e non voleva uscire. Mi hanno fatto l'iniezione espulsiva e ho ripreso ad avere le doglie... un dolore così atroce che non riuscivo a trattenere i lamenti... ricordo che la suora canadese che mi accudiva mi disse "il piacere si paga..."; era incredibile l'atteggiamento punitivo verso una donna che stava partorendo. Però l'ospedale era tenuto bene, era pulitissimo ed efficiente. Dopo ore di sofferenze Toni finalmente è nata, violacea e mezza asfissiata, con il cordone ombelicale stretto attorno al collo. Per mettere i punti ho chiesto l'anestetico e mi hanno risposto che l'avevano mandato tutto al fronte per i soldati e così ho patito ancora mordendomi le labbra.

«Quando è arrivato Fosco ho pensato che avrebbe protestato per la terza femmina, invece era contento: meglio tre femmine che due bambine e un maschio ha detto. E io ero felice. Paradossalmente Toni, che è nata con tanto dolore, è stata una neonata allegra e beata. Non piangeva mai e appena ha potuto, ha cominciato ad arrampicarsi dappertutto.»

Le chiedo se è vero che avevano in mente un nome giapponese per l'ultima nata. «Sì, volevamo chiamarla Akiko, che vuol dire crisantemo, ma il fascismo non permetteva l'uso di nomi stranieri e abbiamo finito per chiamarla Antonella che poi si è trasformato in Toni. Non ce la sentivamo di ripetere le vicissitudini del battesimo di Yuki: dichiarato all'Ambasciata il nome della bambina appena nata, le carte sono state spedite in Italia, ma sono tornate indietro con il commento che Yuki non era un nome valido per l'anagrafe. Fosco allora si è impuntato, dicendo che lui era libero di mettere a sua figlia il nome che voleva. Loro non accettarono e Yuki per mesi rimase senza nome. Alla fine abbiamo dovuto ripiegare su Luisa, "sulla carta avranno ragione, ma noi la chiameremo Yuki". E infatti Luisa è rimasto un nome solo per l'anagrafe. Per noi è stata sempre Yuki.

«Quando si è trattato di Toni la questione del nome forse ci sembrava meno importante: la guerra si stava facendo sentire con sempre maggiore prepotenza e Fosco non ha voluto insistere. Le abbiamo dato il nome del nonno Antonio. Però Akiko a me piaceva.»

Chissà se il destino di Toni sarebbe stato diverso se si fosse chiamata Akiko-crisantemo. Da noi il crisantemo è il fiore dei morti, non so se la mia sorellina avrebbe avuto qualche incomodo simbolico portando quel nome. Rientrava certamente nella strategia antropologica di mio padre: se nasce in Giappone sarà in parte giapponese e il nome verrà a sancire una realtà geografica che magari non concorda con la realtà anagrafica ma sarà rivelatore di una appartenenza culturale.

In Giappone il crisantemo è un fiore sacro, un fiore che simbolizza la longevità e il calore del sole. I suoi petali, dicono, sono disposti in forma di raggi solari e quindi imitano l'astro della vita. "Oh! A Nara / il profumo dei crisantemi / E i vecchi Budda!" scrive il poeta Basho nel 1673. "Inoltre" spiegano Chevalier e Gheerbrant, "il crisantemo, kiku, evoca per omofonia la parola kiku-ri che significa ascolto della verità, da cui deriva Kukuri che è il nome di un kami primordiale."

Il crisantemo per i cinesi invece è un fiore autunnale e rappresenta il riposo dopo il lavoro dei campi. Il filosofo Chu T'un-yi dice che il crisantemo è "tra i fiori quello che si cela e fugge il mondo". Non si potrebbe dire niente di più vero nei riguardi di mia sorella Toni che si nasconde sotto le foglie come una solitaria lumachina che ha perso il guscio e non vuole bagnarsi.

Scrive con grazia e vigore ma nasconde i fogli, come faceva Jane Austen ai suoi tempi, quasi fosse un peccato di vanità. Si è divisa con passione fra scrittura e maternità. Ha due figlie ormai grandi, Muja e Nur, di cui una è attrice di teatro a New York e l'altra studia antropologia all'università di Roma.

Toni ha proseguito istintivamente il progetto paterno di adesione antropologica ai luoghi di patimento e di allegria che si è scelta per ragione di studio o di sentimento. Ha messo su casa in Marocco sposando un elegante pittore arabo, ha vissuto molti anni a Casablanca scrivendo e organizzando festival d'arte. Le sue figlie parlano l'arabo e il francese come l'italiano. Proprio all'inizio del 2001 la figlia maggiore ha messo al mondo un bambino, Gabriel Fosco, figlio di un amabile e sapiente attore newyorkese di origine irlandese, Daniel MacDonald.

«Era il novembre del '42. I giornali giapponesi parlavano della battaglia navale di Guadalcanal (isola dell'arcipelago delle Salomone) dove morirono tanti giovanissimi soldati. Io non riuscivo a nutrire Toni perché il mio seno non faceva latte. Credo per via di quel parto terribile», racconta mia madre continuando idealmente il diario che non ha scritto allora, scavando nella sua memoria cristallina e tempestosa.

La parola Guadalcanal mi riporta a lontani giorni perduti. Guadalcanal, ma cosa mi ricorda? Leggo che si è trattato di una battaglia navale combattuta fra giapponesi e americani nel tratto di mare che divide le isole Florida e Tulagi; una battaglia che è durata dall'11 al 15 novembre, proprio nei giorni del mio compleanno. I piccoli aerei da combattimento dovevano distruggere l'aeroporto che gli americani avevano strappato ai giapponesi in agosto.

Se chiudo gli occhi posso vederli: volano bassi, e sono lenti e goffi e scuri come grosse anatre gravide. Così li avrei conosciuti di lì a poco nel cielo del campo di concentramento di Nagoya. Dentro quelle pance tengono le uova, e ora verranno fuori e sputeranno tuorli rossi sulla testa della gente, mi dicevo. Le ho viste davvero quelle uova, chiare contro il cielo chiaro, che sbucavano dalla pancia ad una ad una e scivolavano verso terra. Solo che i gusci non si aprivano per rovesciare gialli tuorli morbidi e saporiti, ma per sputare piccoli mostri di ferro e fuoco che portavano ferite e morte a chiunque si trovasse a tiro. Quante volte ho sentito sibilare le schegge sopra la testa mentre correvamo a nasconderci dentro la fossa che faceva da rifugio antiaereo! Il rumore sordo di motori che procedono affiancati nella notte, è ancora lì, dentro il mio orecchio. Era il rumore della paura.

Ma quella notte del 13 novembre del '42 qualcosa non ha funzionato a Guadalcanal per le anatre dal ventre carico di uova di ferro. Una luce si è accesa fioca ai bordi del cielo. Un siluro si è avvicinato come una freccia e ha centrato in pieno un aereo che si è avvitato su se stesso ed è precipitato in una colonna di fumo. Le spavalde anatre di morte erano state colte in flagrante e trafitte. Sarebbe stata la prima di una serie di disfatte che hanno portato alla sconfitta definitiva del Giappone.

«Non avevo un goccio di latte per la piccola Toni Akiko», spiega mia madre. «Non sapevo che fare. Il dottor Wittemberg mi ha detto di darle del latte di vacca, ma dove lo trovavo il latte di vacca? Così mi misi a cercare per tutta la città e i dintorni e alla fine scovai un contadino che teneva al pascolo una vaccherella incinta. Gli dissi della bambina senza latte e lui fu così gentile da permettermi di mungerla. In generale i giapponesi civili erano generosi e ospitali. Solo i militari erano crudeli, sadici e stupidamente nazionalisti. La balia Moriokasan per esempio è stata l'unica fra i nostri amici che ha avuto il coraggio di venire a trovarci al campo, rischiando l'arresto. E difatti è stata picchiata. E la seconda volta non l'hanno neanche fatta avvicinare.»

«Moriokasan aveva il marito soldato che si trovava a Hiroshima quando scoppiò la bomba atomica. Miracolosamente era sopravvissuto. Ricordo i suoi racconti di dopo: stava in caserma a mangiare un poco di riso con zukemono quando ha visto una gran luce e poi tutto ha cominciato a tremare intorno a lui, è sopravvenuto un buio assoluto in cui si è perso. Quando ha ripreso i sensi, qualche minuto dopo, si è trovato dentro un piccolo lago artificiale, alla distanza di un chilometro dalla caserma. L'immersione nell'acqua lo aveva salvato dal gran vento di fuoco che, di migliaia di suoi commilitoni, aveva lasciato solo l'ombra impressa sulle pietre. È campato ancora qualche anno, ma poi le radiazioni della bomba hanno preso a fare effetto ed è morto di una forma tumorale molto frequente fra i sopravvissuti al bombardamento di Hiroshima.

«L'hanno chiamata "black rain", pioggia nera, quella venuta giù dopo la bomba e da cui non hanno pensato a difendersi i cittadini accorsi ad aiutare la gente ferita sparsa per la città. Quell'acqua nera era radioattiva e ha continuato a uccidere per anni e anni. Con una morte lunga e ingiusta che coglieva le persone in mezzo all'euforia della ricostruzione, accanendosi sulle loro membra che venivano rosicchiate come da una bocca ingorda e impudica. Tutto perché gli americani non hanno voluto avvertire dei pericoli del dopobomba. Nessuno in Giappone conosceva le conseguenze delle radiazioni contenute nelle gocce di pioggia che hanno lavato il cielo dopo il fungo atomico.»

«Ci aggiungevo due terzi di acqua a quel latte, perché era troppo grasso e glielo davo senza neanche bollirlo, per non perdere le vitamine, così mi aveva detto Wittemberg. E Toni, bevendo il latte della vaccherella giapponese, è diventata fortissima. Cresceva a vista d'occhio, rideva e giocava, era una bambina straordinaria. Solo un anno dopo, nel campo di concentramento di Nagoya, si è mutata in una bimbetta tormentosa e anche impudente: gridava continuamente: ho fame, ho fame! Tanto che mi hanno pregato di farla smettere, ma come? Mi preoccupavo perché non le spuntavano i denti. Per tutto il tempo del campo non le è cresciuto nemmeno mezzo dente. A me sono scomparse le mestruazioni. E noi eravamo tutte piene di parassiti, ti ricordi come ci spulciavamo, come scimmie, l'una con l'altra...? l'unica differenza è che noi non le mangiavamo una volta schiacciate quelle schifose bestiacce... anche se quasi quasi, per la gran fame, avremmo potuto farlo...» ride la mia deliziosa madre facendo del livido sarcasmo su quelle atrocità.

La sporcizia, i parassiti, sono cose che umiliano il corpo e lo rendono avido e selvaggio. Ricordo ancora l'avvilimento per quei vermi che gonfiavano la pancia e venivano fuori dal sedere al posto delle feci che non c'erano perché non avevamo niente da espellere. Maledetti vermi che approfittavano della debolezza per accamparsi negli intestini e mangiarsi ogni prezioso chicco di riso che trovavano. E rammento la mortificazione per quelle pulci che saltavano nel letto la mattina, grasse del nostro sangue. Ero diventata bravissima ad acchiapparle. Ma tante ne schiacciavo e tante ne sortivano di nuove dalle pieghe dei vestiti, dalle cuciture della biancheria. Per quanto mia madre lavasse e rilavasse ogni capo, ne eravamo sempre infestati.

Adesso Yuki sta in piedi (sorretta) parecchi secondi e non vuole parlare – porge la manina quando vuole essere presa in braccio e sgambetta furiosamente. Sta seduta sola ma cade di lato e bisogna puntarle i cuscini attorno.

E qualche giorno dopo grande titolo sulla pagina del diario:

PRIME PAROLE YUKI

5 Luglio. Quasi un anno. Yuki per prima volta stata in piedi sola.

Parole: Tatta! Odì. Dacia-ciàn.

14 Luglio onnicià (connichiwa)

àdà (ya-da)

babài (banzai) evviva, augurio di diecimila anni di salute e immortalità

o-bàba (obasan) la tata

Un giorno è morto il monaco del convento dove abitavamo quando da Nagoya ci hanno trasferiti a Tempaku. Lo vedo ancora, seduto, appoggiato al muro, col mento piegato sul petto. I vestiti logori, la faccia scavata, i piccoli piedi chiusi nei “tabi” macchiati, si era spento e nessuno se n’era accorto. Anche noi bambini che credevamo fosse solo addormentato. Finché la nipote del prete, la piccola e gentilissima Keiko, non cacciò un urlo dicendo: «Guarda!». Dal corpo dell’uomo, dai suoi vestiti logori scendevano rapide migliaia di cimici che si incolonnavano disciplinate e si dirigevano rapidamente verso la porta. Segno che il suo sangue si stava raffreddando. Segno che non c’era più niente da mangiare.

«Ricordati di raccontare che non sono andata in campo di concentramento giusto per seguire un marito amato», dice mia madre carezzando il suo gatto bianco a cui parla come fosse un bambino. «Le autorità militari giapponesi ci hanno chiamati tutti e due, papà ed io, separatamente e ci hanno chiesto di firmare per la Repubblica di Salò. Fosco rispose: "Io sono un ufficiale degli Alpini e non posso firmare contro il re". Io, da parte mia dissi che il nazifascismo non concordava con le mie idee, che non mi piaceva il razzismo. Ci guardammo di lontano, Fosco e io, e capimmo di avere fatto la stessa scelta senza neanche dircelo. Da quel momento ci chiusero in casa sotto la tutela della polizia. Non potevamo né uscire né telefonare né scrivere. Tu sei venuta da me con un rametto di citronella, te lo ricordi? "Annusa mamà che ti consola" mi hai detto.

«Da principio volevano dividerci. Ma poi fu la moglie del sindaco di Nagoya che era cristiana a salvarci. Chissà cosa sarebbe successo se vi avessero chiuse in un collegio per figli di "traditori": è così che ci chiamavano con sommo disprezzo. La moglie del sindaco di Nagoya disse: "Ma no, lasciateli insieme, non potete separare la madre dai suoi figli". E così dopo quei primi giorni di prigionia in casa, ci vennero a prendere e ci trasportarono verso sud.»

Ma questa è un'altra storia che esula dai diari amorosi scritti da mia madre e resuscitati per caso dai cassetti fiorentini di mio padre. Ho promesso a mia sorella che l'avrei lasciata raccontare a lei. Quindi chiedo ai miei lettori di pazientare per ascoltare il seguito delle vicende fin qui seguite. Gli anni del campo di concentramento, così intensi e dolorosi, la guerra, la vita quotidiana del campo. Per tanti anni ho cercato di raccontarla questa storia ma sul limitare del bosco mi sono sempre fermata, col fiato mozzo, un senso di pudore e di sbigottimento insieme. Davanti a me improvvisamente appare un uomo senza faccia che cammina rapido. E io corro, corro, finché raggiungo un carretto e racconto al carrettiere il terribile incontro. E lui volge verso di me la sua faccia vuota e dice «Come me?».

Passa la nave mia colma d'oblio
per aspro mare, a mezza notte il verno
[...] La vela rompe un vento umido eterno
di sospir, di speranze e di desio.

Francesco Petrarca, *Le rime*

I ricordi, queste ombre troppo lunghe
Del nostro breve corpo.

Vincenzo Cardarelli,
Passato da *Poesie*

L'acqua è insegnata dalla sete
La terra dagli oceani traversati.
La gioia, dal dolore.
La pace, dai racconti di battaglia.
L'amore, da un'impronta di memoria.
Gli uccelli, dalla nave.

Emily Dickinson, *Poesie*
Traduz. di Margherita Guidacci

Diari giapponesi di Topazia Alliata Maraini

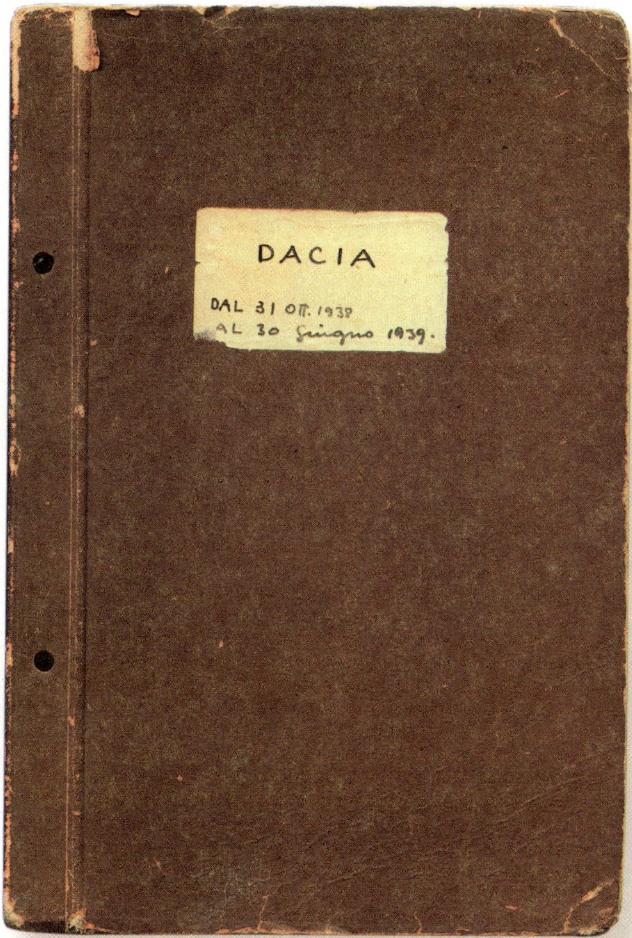

Il trattamento di tutto il materiale iconografico è di Yoi Manili

31 Ottobre 1938.

C'imbarchiamo a Brindisi sul "Conte Verde" – La nonna Yì ha portato a Dacia un cappottino grigio modello quasi maschile che le sta un amore

La partenza è triste e siamo tutti stanchissimi Dacia non ha dormito abbastanza ed è difficile e nervosa.

primi di nov –

1-2 – fa ancora freschino. ma ogni ora meno – Non soffriamo il mare.

Porto Said – di sera – pioggia – Fosco non vuole scendere a terra per paura .. di infezioni. Io non voglio stancare Dacia così non scendiamo.

Colombo il 13 novembre
mattina - si sbarca tutti e tre
andiamo in giro in auto.
Io non mi sento bene - Dacia
è interessatissima ai "mim-
mini neri neri" e alle scimmiet-
te che pullulano i giardini pub-
blici - si diverte molto a dar
loro le noccioline.

24 nov. Shanghai.

dove resteremo una settimana. Molti inviti - molte cose da fare, persone da vedere. Bisogna lasciare Dacia all'hotel con un "hama" - me ne mandano una tanto carina e pulita - porta i pantaloni blu scuro e il grembiule bianco. i capelli nerissimi lucidi tirati tirati a annodati stretti dietro - molti denti d'oro. La carnagione dorata. Ha un odore tutto suo - forte.

Shanghai – Kobe – sul piro-
scafo inglese "Corfù" –
Si sta male in proporzione al
Conte Verde – Si mangia pessi-
mamente e bisogna attenersi
agli orari con precisione –
Io mi sento sempre piutto-
sto male –

Affido qui tanto Dacia ad
una cameriera inglese molto
carina, pulita e metodica.
Non credo che a D. piaccia
molto!

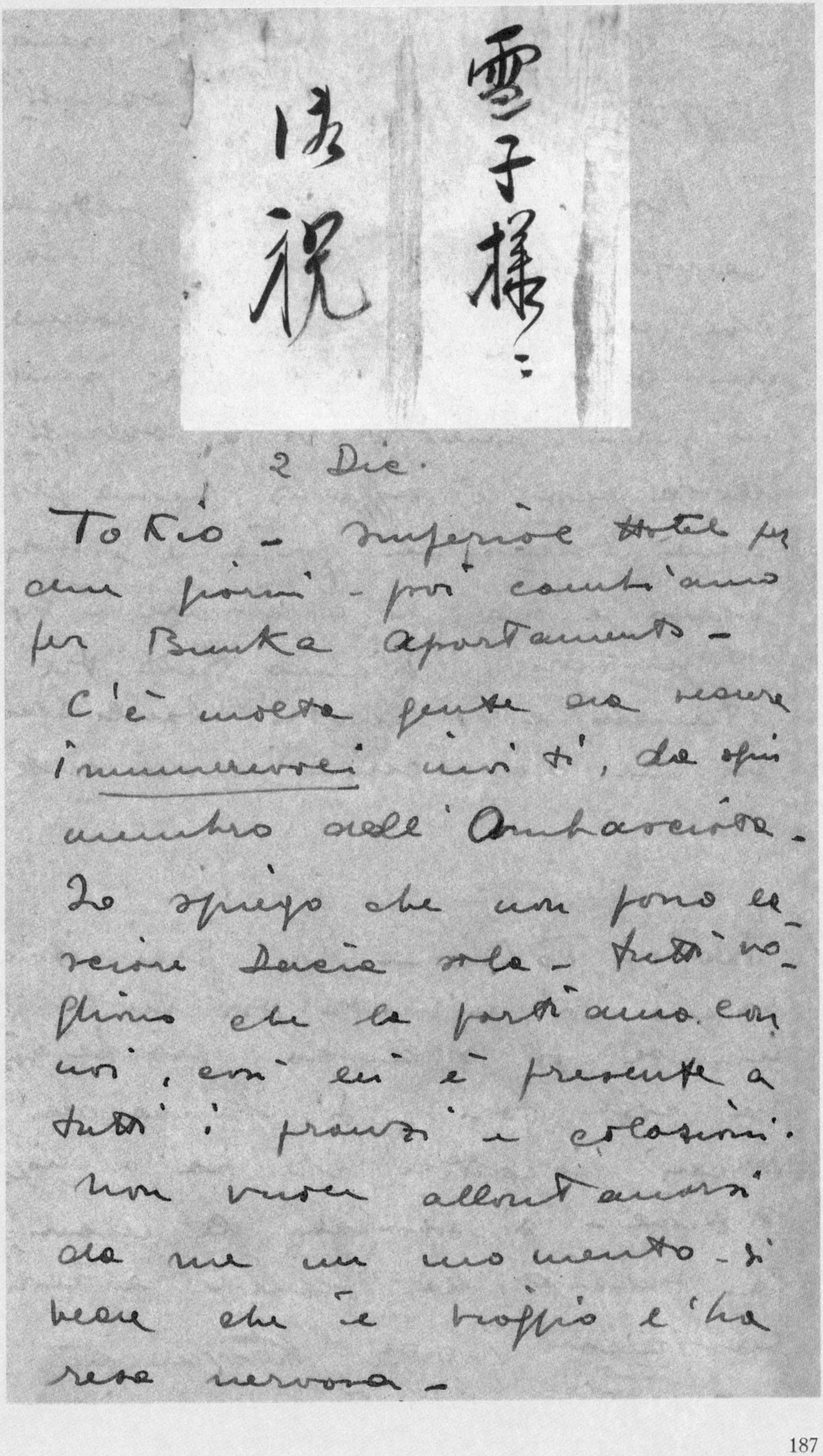

2 Dic.

Tokio – Imperial Hotel per alcuni giorni – poi cambiamo per Bunka Apartments –

C'è molta gente da vedere innumerevoli inviti, da ogni membro dell'Ambasciata.

Io spiego che non posso lasciare Lucia sola – tutti vogliono che la portiamo con noi, così lei è presente a tutti i pranzi e colazioni.

Non vuole allontanarsi da me un momento – si vede che è troppo e l'ha resa nervosa –

una scia di "Kawaii, ne?" (carina, eh?) - È quasi imbarazzante - Tutti mi sorridono e mi sento come quei reali che passano fra due file di cittadini ai quali debbono sorridere e inchinare la testa -!! Ma il personaggio non sono io, ma Dacia -

憧れのエルム學園で『アイヌ民族』研究

マライニ氏、夫人帶同で來札

エルム學園に學ぶべく防共の友邦イタリーからはるばる若い民族學者が來札した イタリーフイレンツエ生れの醫學博士フオスコ・マライニ氏は數年前から日本訪問の計畫をたて日本に行つたならば世界の民族學界で謎と言はれてゐるアイヌ民族に就て研究するべくその日を樂みにしてゐたがその念願が叶つて去月日本に來訪した 約二週間東都に滯在して十五日午後七時四十分の急行で愛兒とトパリオ夫人を同伴して來札したマライニ氏は快活な青年學徒で憧れの札幌がすつかり氣に入り 『素晴らしい雪に 僕はスキーを持つて來たので早速山へ行きますよ』と愉快さうに語つた 研究の方は醫學部兒玉作左衞門博士のもとで約三ケ月間學び再び來札しそれから日本各地を視察する豫定とある〔寫眞は札幌驛着のマライニ氏と夫人愛嬢〕

alla staz. di Hakodate.

Tokio - Hakodate - SAPPORO

Viaggio stancante, lungo - Penso che Dacia, relativamente, è buonissima - Vuole percorrere in largo e in lungo tutto lo scompartimento e si ferma senza timidezza davanti a persone di ogni genere e a soldati e ufficiali in particolare.

SAPPORO

15 - Dic. 1938.

Ci aspettano al Grand Hotel. La città di sera - con poche luci, di cui alcune colorate, che si riflettono sulla neve abbondantissima - sembra uno scenario per una notte di Natale -

con rumorosi "mini" "gua gua gua gua"

Vengono qui giornalisti e fotografi – Buffo essere trattati come "personalità"! Dacia tiene così bene il suo rôle!

日本の文獻を伊太利語に飜譯

マライニ氏の抱負

が世界で始めてだよ

ここまで語つた同君は急に窓の外

【既報】アイヌ民族研究のため來札した盟邦イタリーの青年學徒フオスコ・マライニ氏(二六)は一年近く滯在する豫定なので目下グランド・ホテルに泊つて毎日借家探しに歩いてゐるが、同氏をホテルに訪へば、トパツイア夫人、愛嬢ダアチヤさんと共にソフアに深く腰掛け、上機嫌で語る

僕はアイヌ民族とその文化とをじつくり包括的に研究する心算でやつて來た、アイヌに關する日本人の研究はイタリーでは殆ど知られてゐないから、今から日本語を勉強し、日本人の助けを借りて日本の文獻をイタリー語に飜譯しお土産に國へ持つて歸る心算だ、僕は國際學生會の奬學資金で二年間日本にゐられることになつてゐるから大體その前半は北海道にゐる、冬の間は北大醫學部解剖學教室の兒玉教授のところでアイヌ研究を續け、春から夏にかけては道内のアイヌ部落を廻る豫定だ、日本は今度始めてだが、東洋へは去年來たことがある、僕はフローレンス大學の自然科學科を卒業した後、有名な人類學のツチ教授の下で勉強してゐるが、昨年同教授と一緒にヒマラヤからチベツト地方へかけて探檢旅行に來た、ヒマラヤの北スイキム地方でスキーを使つたのはこの僕

Grand Hotel · Sapporo
20-12-38

tutti sono così gentili con noi – Ci mettiamo in cerca di una casa – L'università ne ha giusto una disponibile, nella fila di costruzioni per insegnanti stranieri.

Il Prof. Kodama ci ~~porta~~ conduce a conoscere i futuri nostri vicini – Hecker e i Lane

Kita 11. Nishi 5 – la nostra casa per forse 2 anni. Voglio accentuatamente che sia pronta e pulita per Natale. Un via vieni di elettricisti, vetrai, tubai, stufai, ecc.

22-12-1938

Entriamo nella nuova casa il 22. Hecker comincia con quelle che poi apprendiamo sono le sue abitudini con gli amici che gli piacciono.

Mandano dolci e bottiglie di vodka buona. — fiori e mandarini!

Dopo due giorni – vigilia di Natale arrivano pacchi e pacchi piante e fiori per me, dolci, e giocattolini per Dacia. I Lane tovaglie, tazzine, vassoietto – Siamo confusi — Questa gente è così estremamente cordiale ed accogliente che quasi ci sgomenta...

Noi mandiamo vermouth italiano e cestoni di frutta — e giochini per le piccole Lane.

Dacia ha avuto la sua prima "Xmas stocking"! La calzettina conteneva poco, ma ai piedi del letto ha trovato una <u>montagna</u> di scatole e scatoloni con ogni sorta di giocattoli – (Fortunatamente qui costano poco!)

papà le ha comprato una bambola giapponese –

(Questa foto piace a Fosco e mi sembra orribile)

Dacia è bruttina, ma la bambola pure, io trovo!

e mamà le ha dato
un paio di sci (il suo 1°!)
che inaugura subito –
Però è più il divertimento
di parlarne e trascinarseli
dietro, che di inforcarli –!

dietro la casa

Si è levata i
guanti, ma ha
subito freddo a
quelle manine
che si gonfiano...

Quando papà o mammà aiutano Dacia sugli sci, lei si lagna come per scusarsi dicendo "papà, <u>io</u> <u>non</u> <u>so</u> ancora debbo imparare" –

Infatti è troppo piccola – arriva a fare solo qualche passo in pianura – Non insistiamo. Adora invece essere trascinata in slittino – È più comodo!

primi gennaio 1939.

Comincia a parlare un pò
d'inglese con Dacia che va
imparandolo..
Le ho comprato il suo primo
libro di Nursery Rhymes e
glielo leggo traducendolo.

Impara subito "Jack Horner" che
disse "Vat a gud boi emai"! e dopo
Diccori diccori dock" e qualche parola
qua e là. Comincia a capire "shut
the door" "some water please" "come here"
etc. A parlarle tutto il tempo in
inglese l'imparerebbe subito —

Dacia occupa tutto il mio tempo poiché non mi vuole lasciare un minuto (mi segue anche al gabinetto!) e non si addormenta se non con me. A momenti mi avvilisco, ma ~~capisco~~ spero forse cambiare abitudini – Adesso è ancora nervosa del movimentato viaggio interminabile –

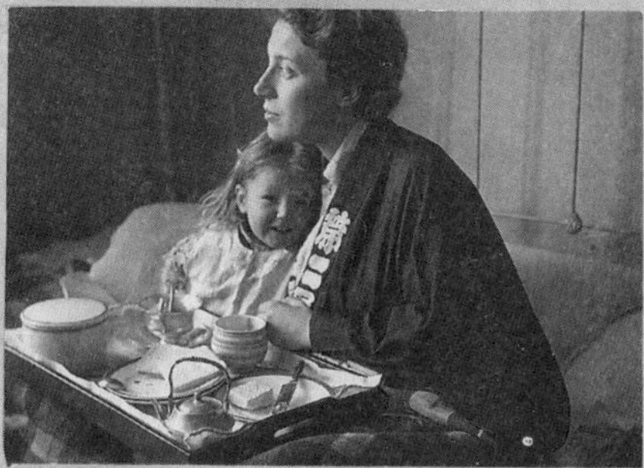

A tavola
Dacia mangia ora sempre da sola –

(serve Morisaka San)

28 gennaio 1939 -

Dacia va a scuola!

I primi giorni la porto io perchè ha un pò di paura "delle monachine col cappello", ma poi le piace sempre più e impara finalm. parola di giapponese

vuole sempre mangiare la neve e papà s'arrabbia

She loves to play
with the snow
e. vuole

"aiutare papà
a spalare la neve"
→

vuole infatti bene a Ko-chan che
ogni mattina l'accompagna e la va
a cercare alle 2. Ogni giorno si porta
la colaz. (sandwich di, uovo duro, pom

dori - formaggio - e frutta. A scuola le danno una tazza di latte. Ma alle 2 quando torna ha sempre fame e 'Saka gan le dà quel che le capita - Io protesto, ma niente da fare!

Nel pomeriggio dorme

Marzo 1939.

PAPÀ

Breakfast

MAMÀ

Viali vicino la nostra casa. Nel pomeriggio Dacia esce un pò con mamà.

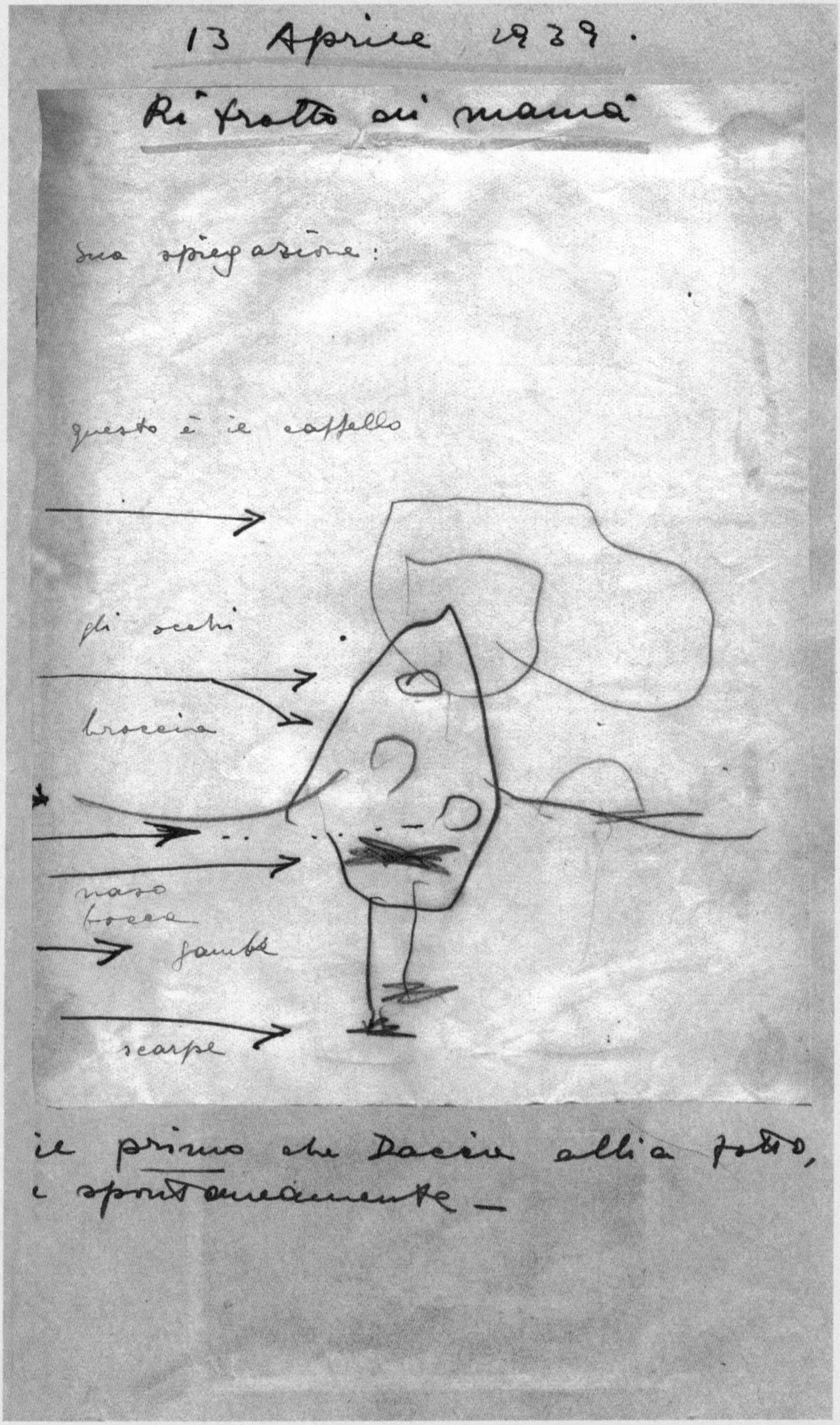
13 Aprile 1939.
Ritratto di mamà
sua spiegazione:
questo è il cappello
gli occhi
braccia
naso
bocca
gambe
scarpe
il primo che Dacia abbia fatto, e spontaneamente _

Marzo 1939. Moriyama

il 14 – maggio – festa del cherry blossom a Maruyama – prima andiamo a vedere la gente sui prati, sotto gli alberi, a centinaia che mangiano dormono – Quanti bambini sembrano strani animaletti neri. Dacia è felice di vedere tutto – compra dei dolci, una girandola. poi lasciamo la folla per mangiare su un poggetto – Mamà è enorme e un pò stanca – Dacia adora i "sandwicci"

28. 5. 39.

Dacia cresce -
- ogni giorno più
ha un'espressione
nuova - Spesso un
faccino serio serio
pieno di personalità.
Ha un carattere
forte - è testarda
e insistente - ma
cede il più delle
volte dopo lungo
ragionamento -

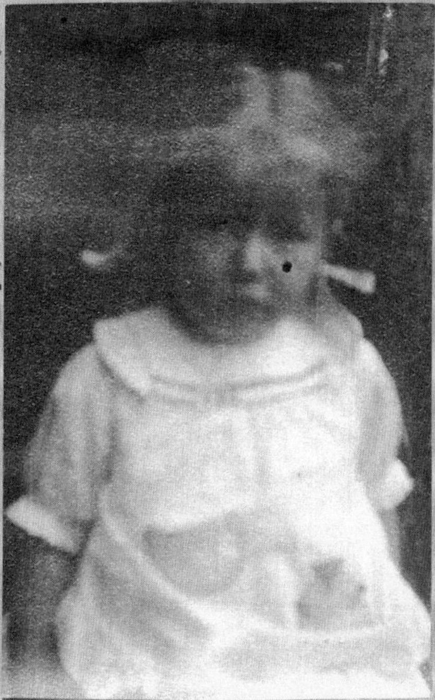

TOPAZIA, DACIA, YUKI,
TONI - 1939 - 1941

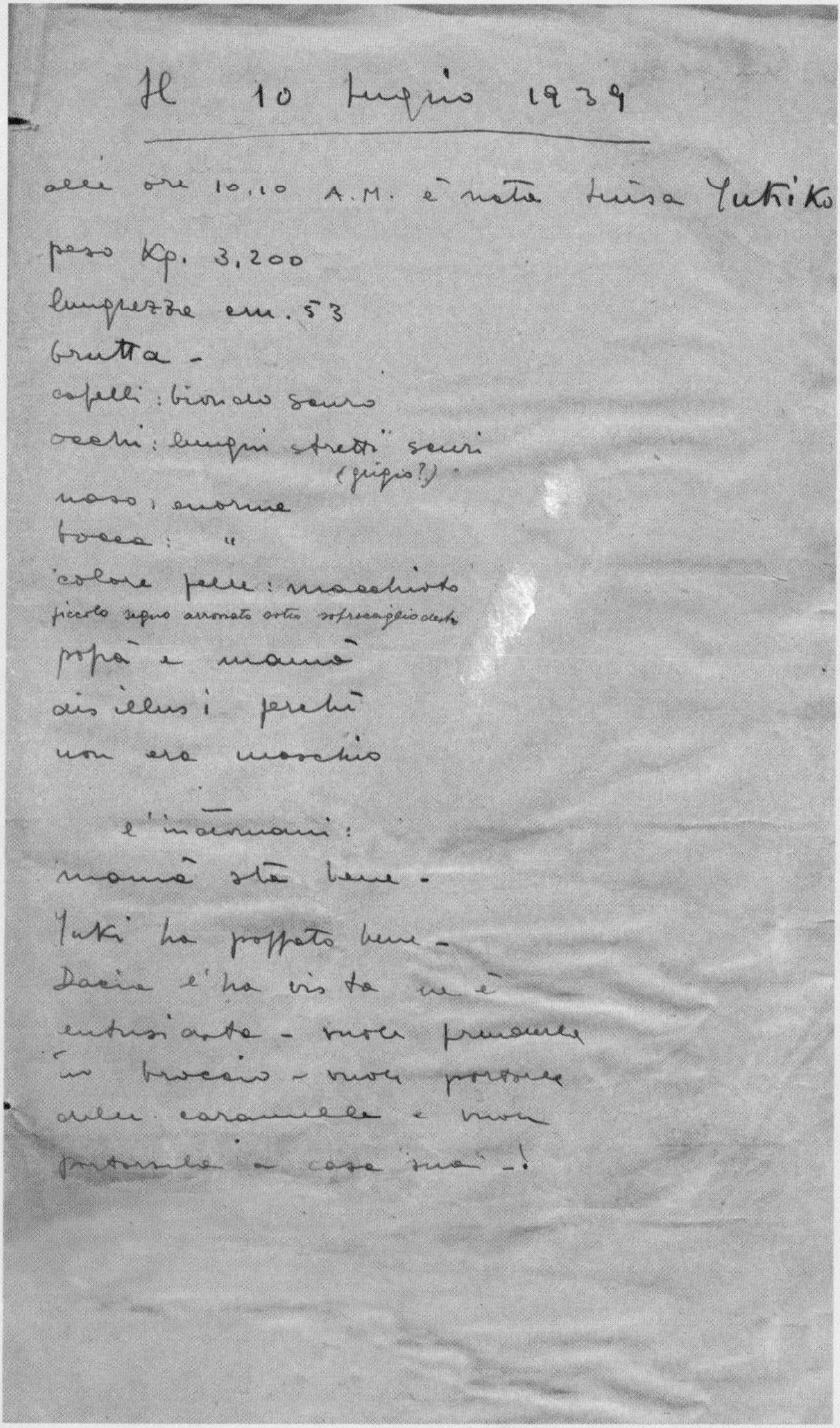
Il 10 luglio 1939

alle ore 10,10 A.M. è nata Luisa Yukiko

peso Kg. 3,200
lunghezza cm. 53
brutta -
capelli: biondo scuro
occhi: lunghi stretti scuri
(grigio?)
naso: enorme
bocca: "
colore pelle: macchiato
piccolo segno arrossato sotto sopracciglio destro
papà e mamà
disillusi perchè
non era maschio

l'indomani:
mamà sta bene -
Yuki ha poppato bene -
Dacia l'ha vista ne è
entusiasta - vuole prenderla
in braccio - vuole portarle
delle caramelle e vuole
portarsela a casa sua -!

anni 2 + 9 mesi.

Non si può
Dacia mandar

la monellona

Yuk
40 giorni
Felicitamo la nasci

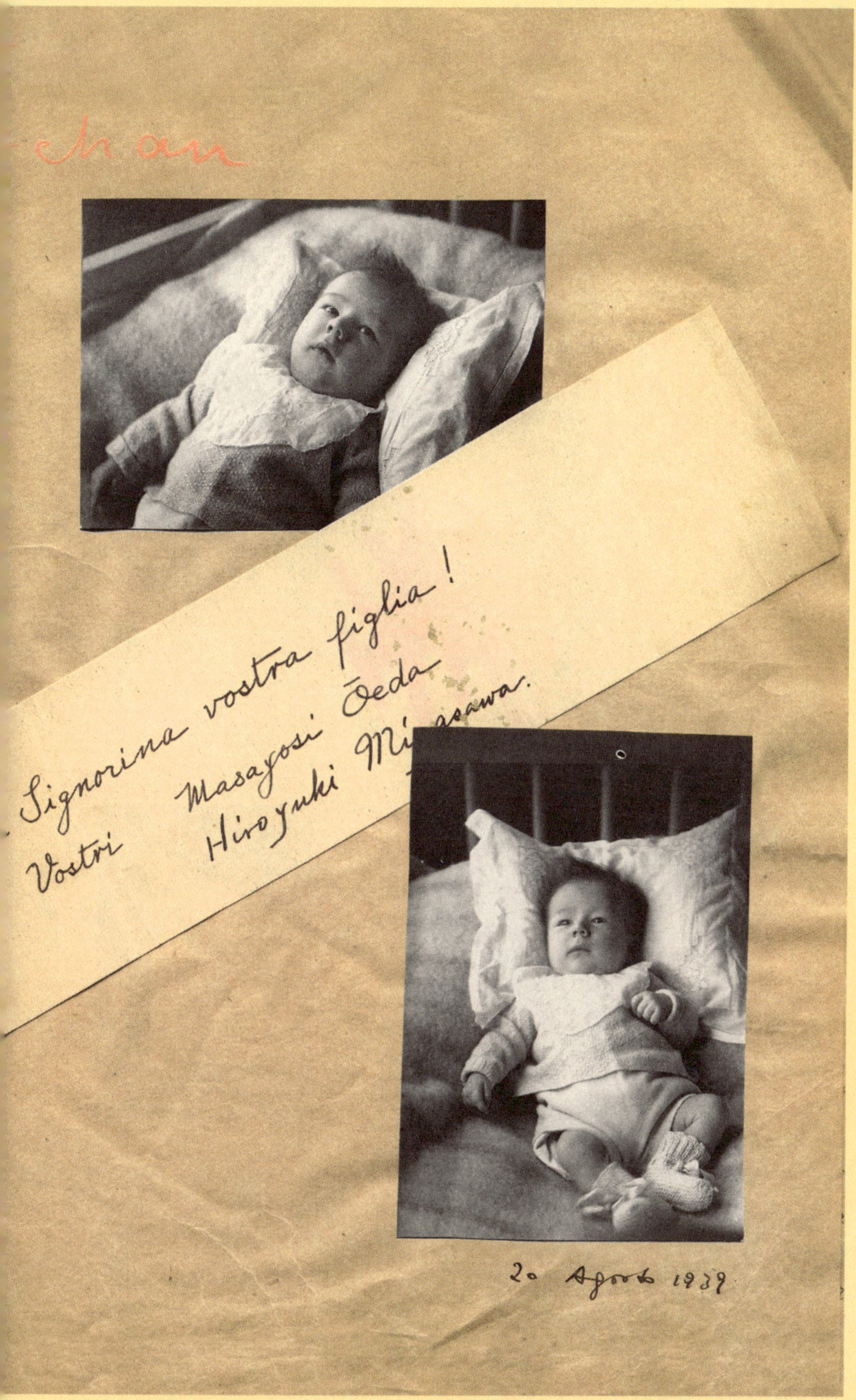
chan
Signorina vostra figlia!
Vostri Masayosi Ōeda
Hiroyuki Mi asawa.
20 Agosto 1939

Kushiwashite Ekashi
Nibutani – Ottobre 1939.

Questo vecchio Ainu ci fece l'onore di

Fosco e Topazia Maraini
sono felici di partecipare
la nascita della loro
Luisa Yukiko

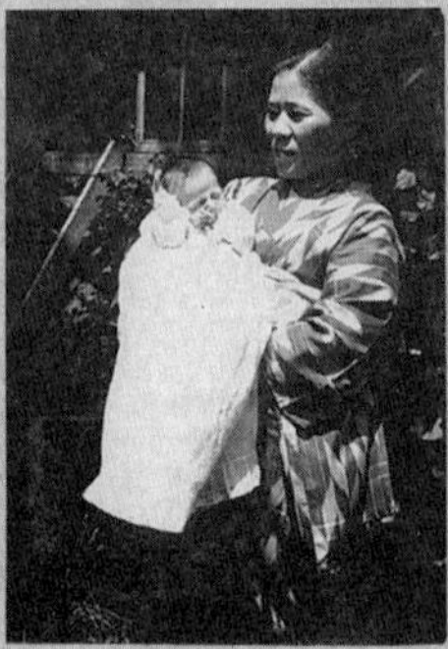

"battezzare" Luisa Yuki secondo i riti A.!!
È così piccola, bianca, pulita, tenera fra quelle
braccia pilose e luride ... Però che simpatico
bravo uomo!

una giovane madre giapponese

e

un giovane padre europeo

Dacia è un amore con Yukiko. Lei un pò piagnucolosa credo per il caldo che non le va affatto – nei giorni più freschi è subito differente –

10 Nov. 1939.

10 - Nov - 1939.

i primi invitati -
Dacia apre i regali -

13 novembre 1939.

Dacia Tre anni.

tea party con i bambini:

2 - Do-Kay Sane
2 - Jin-Ko. San-Ko Sane
3 ragazze Haiguchi
1 ragazzo "
2 " Takabaya
1 ragazza Kobu
2 " Takabaya

il bambino Ogura
i ragazzi Kodama
e i Kobayashi con gli altri venire per raggiungerci a scuola -

cake di carta con regalini dentro da tirare per mezzo di un nastrino ognuno, divertiti tutti moltissimo -

(da rifare)

Ricevuto molti regali - 2 paia zori, giochi, tea set, palle, "o te dama" - drawing set, plastellina ecc -

Dacia eccitatissima - adesso è in grado di capire una festa - ospiti, regali ecc. dolce con candeline ecc - tutti molto "omoshirokatta"!

Yuki mamà papà Dacia
Sapporo – 10 Novembre 1939.
(uno più brutto dell'altro!!–)

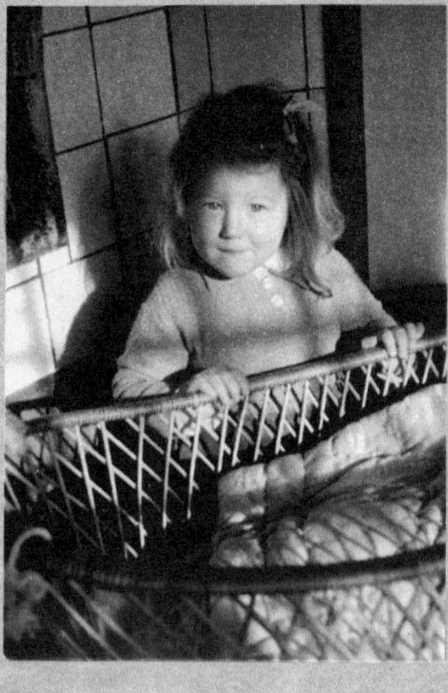

Dacia è un amore con Yuki – la accarezza le parla – le tiene il biberon – .

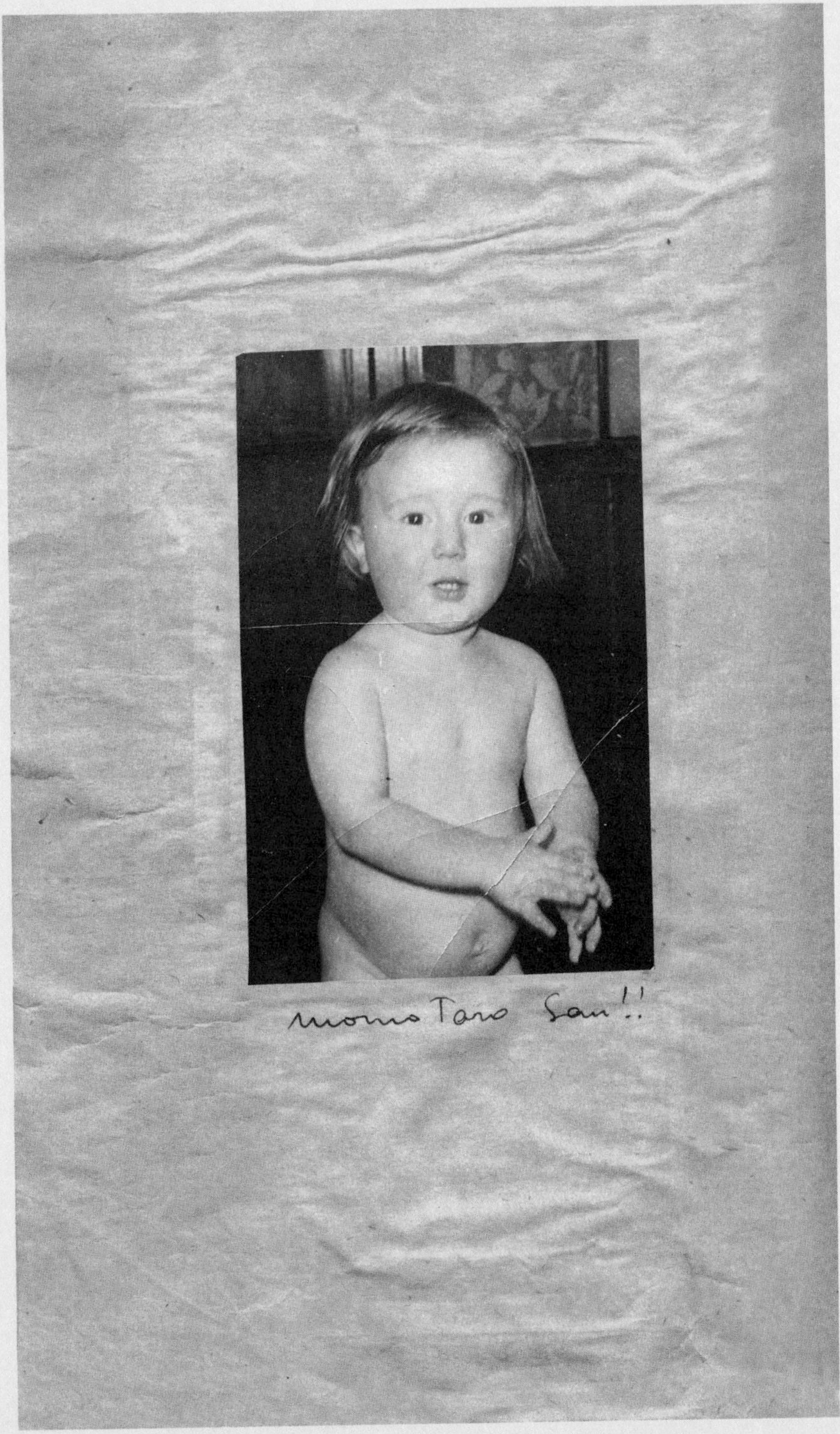
momoTaro San!!

D. va a scuola

Yuki

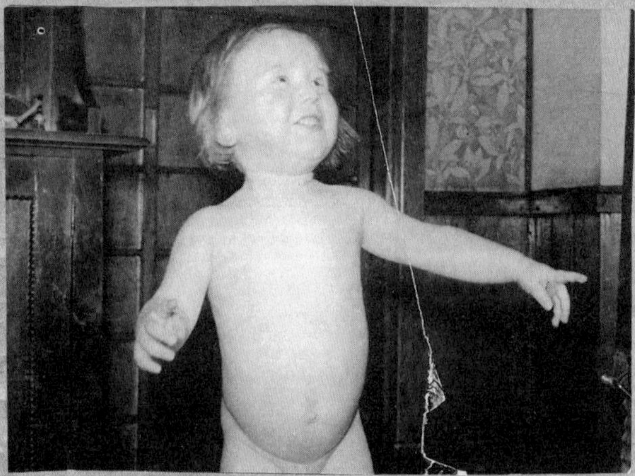

che è permesso avere un simile "pou pou" ?!

Sapporo
Giugno 1940.

Dacia 3 anni 7 m.
Yuki 11 mesi

Maggio – Otaru – in casa Hoshino
Toshiko – Dacia kimono (un po' grande!)
rosso rosa con obi giallo vivo – bellissimo
ultima foto coi capelli lunghi.

primi Febbraio 1940.

24 Febbraio – Luki ha detto chiaramente
PAPA diverse volte – mammà solo 2 v.
confusamente — (mesi 7 1/2)

26/2 – L. pesa 7.600 netto. (70 Kaka! – no more [illegible])
prende 5 v. al g. latte mucca + 10 g. Papp.

+ 1 mela cotta con zucchero e burro –
+ 1 Holivor –
+ succo mandarino
+ ogni tanto crosta pane (poco)

10 genn. Yuki 6 mesi – punta i piedi e sta in piedi tenendole le manine.

Adesso le do:

8 del mattino { gr. 60 latte di mucca (bollito)
" 60 acqua con 12 gr. Patrogen (6 cucchiaini)

12 ——— uguale – con succo ½ mandarino

4 ——— uguale + un cucch. mele cotte passate – col cucchiaino –

8 sera ——— uguale + 1 pastiglia Italina

12 " ——— uguale –

4 A.M. spesso si sveglia e le do un altro pasto. se dorme lo salta –

Ogni tanto le do da masticare una crosta di pane duro – le piace assai – ha molta salivazione e tiene ditto morsicare – (sempre stitica – non so cosa fare)

È un tesoro – buona, calma, sempre sorridente e s'illumina –

14 GENNAIO 1940

S. Dazio, vescovo di Milano dall'a. 552 – B. Odorico Mattiussi da Pordenone (Udine) (sec. XIV).

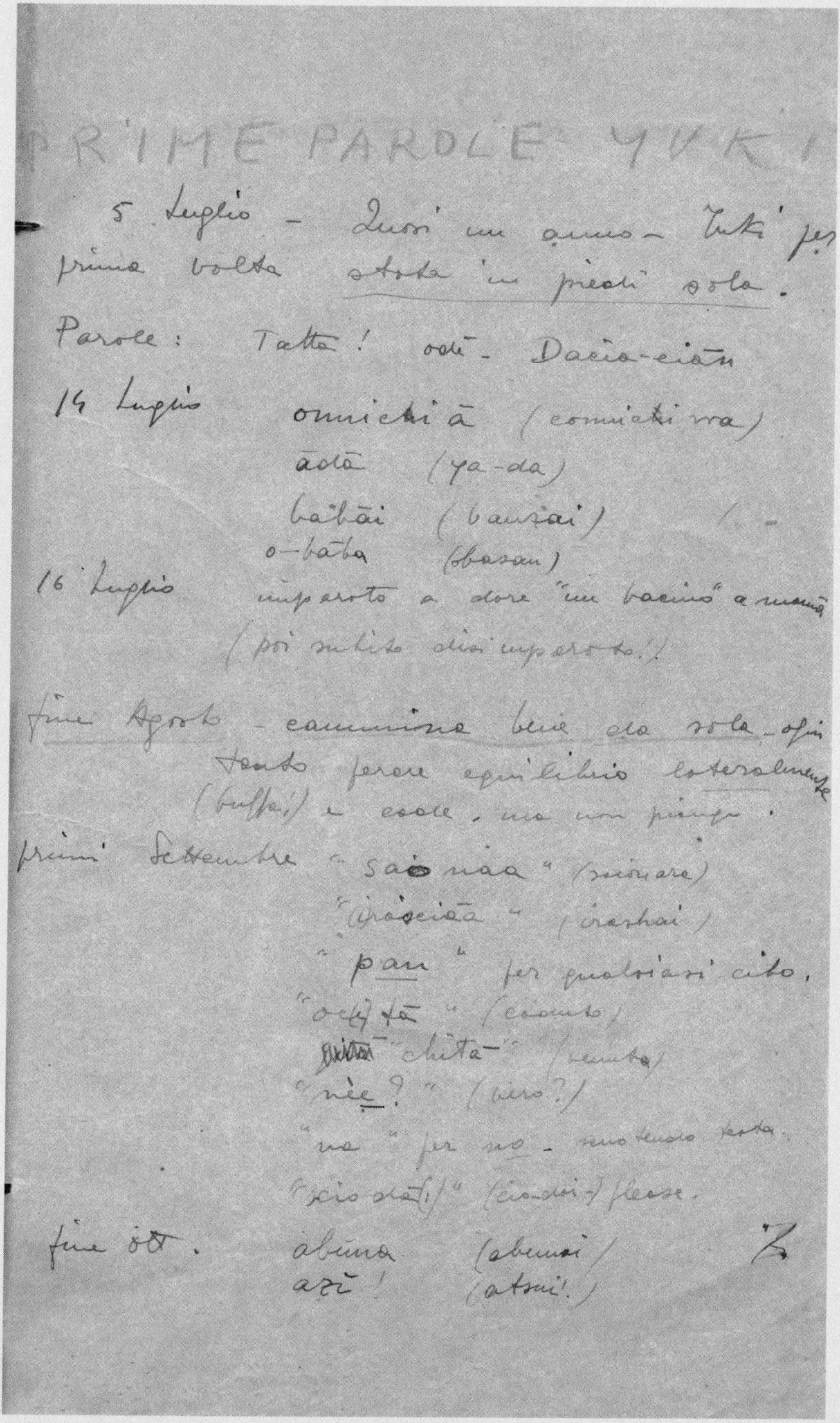
PRIME PAROLE YUKI

5 Luglio – Quasi un anno – Yuki per prima volta stata in piedi sola.

Parole: Tatta! odè – Dacia-ciān

14 Luglio omnichiā (comnichiwa)
āotā (ya-da)
baībāi (banzai)
o-bāba (obasan)

16 Luglio imparato a dare "un bacino" a mamma
(poi subito disimparato!)

fine Agosto – camminare bene da sola – ogni tanto perde equilibrio lateralmente (buffo!) e cade, ma non piange.

primi Settembre "saionaa" (saionara)
"irasciaā" (irashai)
"pan" per qualsiasi cibo.
"ocijtā" (caduto)
~~[illegible]~~ "chitā" (venuto)
"nèe?" (vero?)
"na" per no – muovendo testa.
"ciodai" (cio-dai) please.

fine ott. abūna (abunai)
azī! (atsui!)

Azalee

Maggio 1941
Shokubutsu En – (giardino botanico)
in gita con mammà

il laghetto con i "pio pio"

Maggio "41

tutte due in Kimono sono un amore

la fedele Takahashi obasan
con Yuki

le figlie di Takahashi San con Yuki.

15·4·41·

← Taki! (ombra)

il laghetto nel magnifico giardino dello stesso Tempio Heyan Jingu.

Dacia. Gennaio 1941.

D. alle prime armi!

Dacia parla ogni tanto italiano! buffissimo - con rintoni giapponese -

Un giorno papà le ha detto "Tetelle" e lei era indignata "papà, brutta l'uomo!"

D. canta

papà - Sig. Pasquinelli (di passaggio) - mammà e Dacia

Nara - 23 - 4 - 1941

Giugno

Sachimaro
'Shimizu San a colaz.

D. con morioka san

Luglio 1941

Titi con morioka san

Ogni tanto mamma porta le sorelline "mostricini" (in città.) Programma: Dai Upim (departement store) giocattolini: Yuki non riesce mai a capire se stessa cosa vuole – Dacia non vuole niente! (molto flosce!) Cerca sempre qualcosa di molto nuovo, mai visto, exciting – e poi finisce per voler comprato un temperalapis o un fazzolettino colorato o un ninnolino di celluloide che non serve a niente –

Poi gelato – poi ritorno a casa in autobus – stanche e soddisfatte.

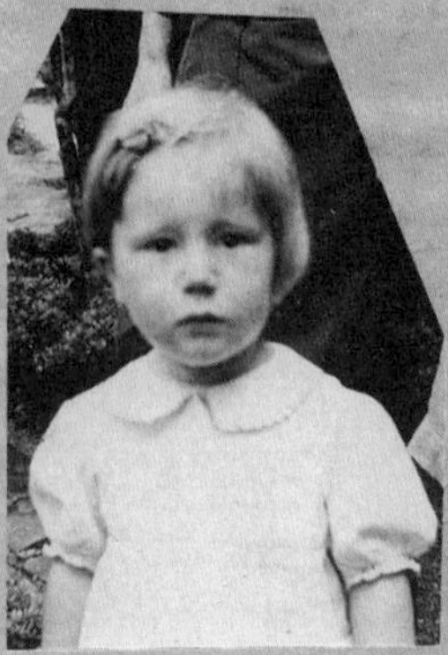

Ecco perché è espressione di bebè!

Papà andato a Tokyo – la sera mammà e Dacia vanno insieme a passeggio per le strade solitarie a godere quel po' di fresco che si può – D. tesoro! vuol sapere tante cose e parla spesso dell' "akachan" che deve venire e che per ora è dentro l'onorevole pancino di mammà –

bellini loro due!...

D. ancora fare le cose "abunai"
"come papà"!!

7-17 Sett. mamma e papà a Tokyo bambine restano Kyoto. Da Tokyo telefonato spesso - Y. al telefono: "mocci, mocci, mota oisce ne?" e Dacino assicura che sta molto buona - ci portano un regalino!

18 Sett. Yuki si ammala molto febbrone. difficoltà di respiro - gran paura difterite ma non è. 40.2 - è angina. guarisce il 22.

6 Sett. gita con i Makino e le bambine in autobus. sole forte.

papà e Dacia al solito giuocano insieme -

Y. ha freddo →

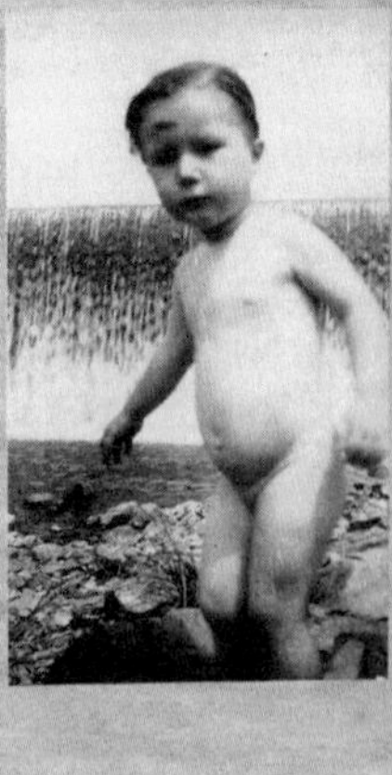

Agosto -
bagno nel tufo, in giardino

un laghetto artificiale vicino
Kyoto. acqua freddissima, profonda

Inki 20 Ott. 1941.

Il Sig. J. Ogawa ci fa una foto –

18 Agosto –
Zenibako –

10 Settembre -

Asahigawa - fiume ...

Mentre Yuki-chan dorme nei morbidi soffici futon di casa Shimizu papà, mamma e Dacia coi gli amici Shimizu vanno in giro per la campagna - mangiando mele ai [illegible] d'afferrando libellule e finalmente fanno un magnifico bagno nel fiume vicino al Rami - giornata magnifica di sole calore e riso fuori misura.

INGRESSO ALLA
PIAZZA
10 LUGLI
Bene Arrivate!
CALDO
36°
ENZE - Piazza Vittorio Emanuele II.

(Tutino)

(Wick)

Nota

È stata qui riprodotta una parte cospicua delle pagine dei quaderni tenuti da Topazia Alliata durante il soggiorno giapponese (1938-1941), quaderni che Fosco Maraini ha recentemente ritrovato e donato alla figlia Dacia. Il materiale iconografico è stato integrato in qualche caso con foto dell'archivio di famiglia.

Il disegno del percorso di viaggio verso il Giappone, che troviamo nei risguardi del libro, proviene sempre dai diari ed è di mano di Topazia.

Indice

Finito di stampare nel mese di novembre 2001
dalla Cartolibraria Tiberina - Città di Castello (Perugia)
per conto della RCS Libri S.p.A.
via Mecenate 91 - 20138 Milano

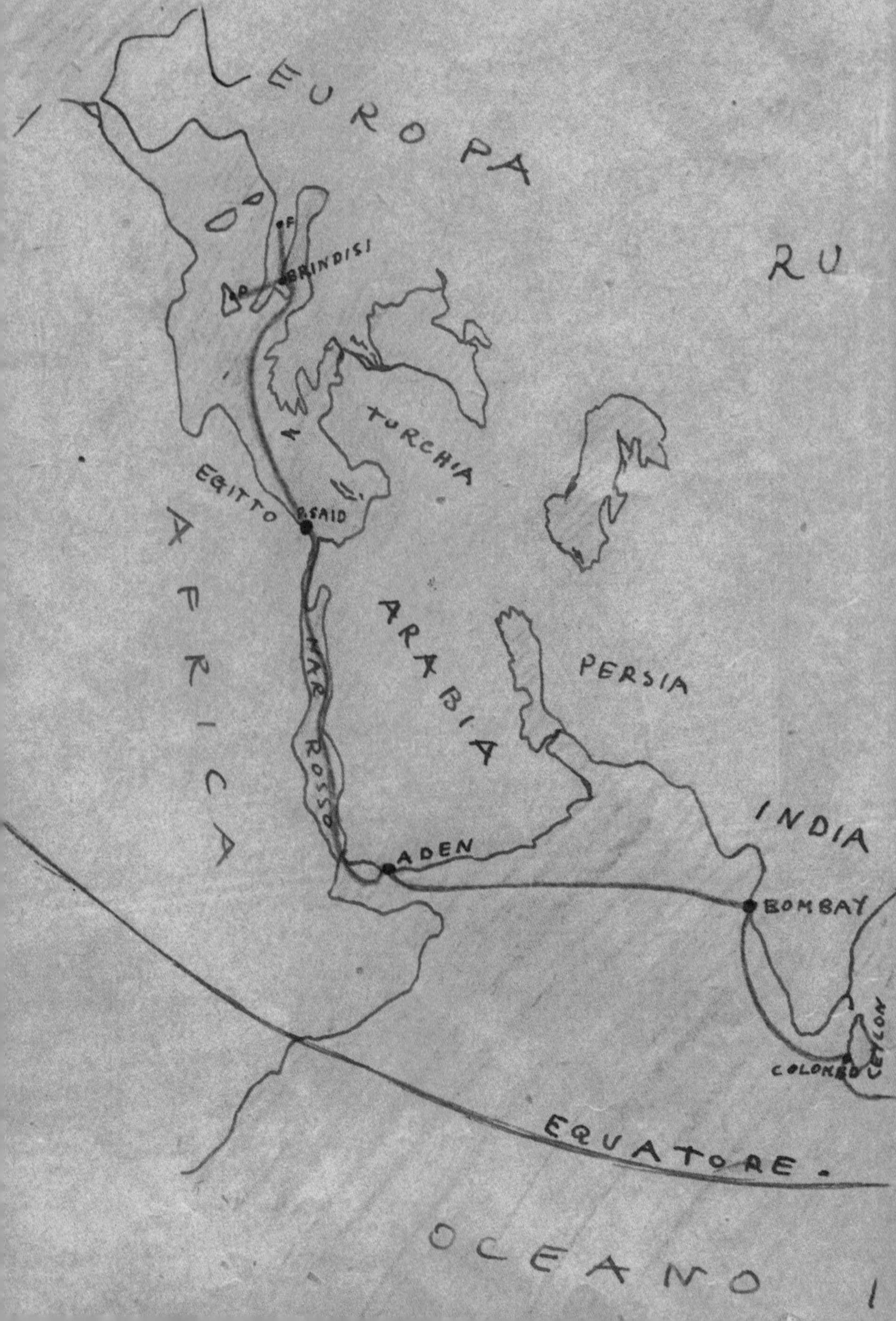
EUROPA
RU
BRINDISI
TURCHIA
EGITTO
P. SAID
AFRICA
ARABIA
MAR ROSSO
PERSIA
ADEN
INDIA
BOMBAY
CEYLON
COLOMBO
EQUATORE.
OCEANO I